영어에 성큼 다가가기!

술술 다 되는 반가운 영어 ②

반가운 지음

머리말

> **인스턴트 꿀 영어**

　이 책은 꿀이다. 진짜 꿀이다. 수저는 꿀통에 담가놓아도 꿀맛을 모른다. 그러나 혀는 꿀 한 방울만 떨어뜨려도 꿀맛을 안다. 당신은 수저가 되려는가, 아니면 혀가 되고 싶은가?

　우리들은 하루가 다르게 지식이 폭발적으로 불어나는 세상에 살고 있다. 불어나는 그 방대한 양의 지식을 도저히 맛 볼 수조차 없다. 우리가 만일 어느 분야의 학문을 fast food나 인스턴트커피처럼 그렇게 쉽게 즐겨 먹고 소화할 수 있도록 fast food화(化)하거나 인스턴트화할 수 있다면 얼마나 좋을까! 말하자면 철학, 수학, 화학, 물리학, 천문학, 경영학, 영어, 일본어, 중국어 등등 이 모든 학문을 fast food나 인스턴트커피처럼 먹기 쉽고 맛있게 가공 처리할 수는 없을까? 꿈같은 공상과학 이야기다. 그런데 공상에서 시작한 꿈이 현실이 되는 사례(事例)는 비일비재(非一非再)하다. 그 일례(一例)가 비행기다. 새처럼 날 수 없을까? 누군가의 공상이었다. 그런데 우리는 지금 날고 있지 않은가! 그래서 영어를 fast food처럼 손쉽게 먹을 수 있도록 인스턴트영어 개발(開發)에 내 평생 대부분을 바쳤다. 그대는 지금 꿀처럼 달디 단 인스턴트영어를 만지작거리고 있다.

　먹어보시라. 꿀맛이다. 진짜 꿀맛이다. 이 꿀단지 덕분에 나의 큰아들은 서울대학교 의과대학을 거쳐 성형외과 원장이 되었고 작은아들은 한양대학교 의과대학을 거쳐 피부과 의사가 되었고 조카는 서울대 법대를 거쳐 금융계의 유망주가 되었고, 또 하나의 조카는 서강대 영문과를 거쳐 일약(一躍) 경위로 시작하여 경감이 되었다.

2016년 1월 2일 반가운

저자의 반성

죄인

우리들은 부지불식간(不知不識間)에 실수를 하거나 죄인이 되는 경우가 허다한 게 아닐까? 대화하다가 "그런 뜻이 아닌데"라고 해명하는 경우가 있다. 자기도 모르는 사이에 실수했거나 감정을 건드린 것이다.

열의에 불타던 약관(弱冠)의 교사 시절에 나는 나도 모르거 죄에 얼룩진 교사였다. 열의와 사랑만 있으면 되는 줄 알았다. 교사에게 열의와 사랑은 기본 요건인데 말이다. 아는 것도 없었지만 안다고 가르칠 수 있을까?   To know is one thing; to teach another. 라 하지 않는가?
영미에서는 교사를 '가르치다(teach) + 행위자(er)'로 표기한다. 즉 teacher(가르치는 자)라고 표기한다. 우리네는 가르치는(教) 스승(師)이라 하여 격이 높다. 또 가르치는 채찍(鞭)이 주어졌다 하여 교편을 잡았다 라고도 한다. 과연 내가 스승(師)의 역할을 제대로 했고 주어진 채찍을 제대로 사용했는지 자문(自問)해 보면 그렇다고 대답할 용기도 배짱도 없다. 그래서 나는 죄인이다. 최초의 10년은 채찍을 마구 휘두른 가르치는 자(teacher)에 불과했고 스승은 아니었다. 본의는 아니었지만 그들은 내 가르침의 실험 대상이었고 그래서 희생자(martyr)이기도 했다.

연금술(鍊金術)은 미신과 실험과 철학의 결합(combination)이라는데 그 연금술이 화학을 낳았으니 악(惡)이 선(善)을 생산할 수도 있다는 것이 한 가닥 위안이 되어 자책(自責)의 아픔이 감소되는 기분이다. 최초 10년 동안 내가 가르친 방법이 연금술이었다면 온갖 방법으로 실험(experiment)을 거쳐 나온 본서의 내용은 화학에 해당한다고 말한다면 지나친 과장일지도 모른다.

어지럽게 돌아가는 세상! 잠시만 이 책에 눈길을 주어 보시라. 속죄하는 심정으로 내놓은 이 책에는 무언가 다른 것이 많이 있다는 것을 발견할 것이다. 이 책은 인스턴트 화(化)한 영어다. 인스턴트는 먹기 쉽고 간편하다.

2016년 1월 2일 반가운

CONTENTS

머리말 |006|
저자의 반성 |007|
목차 |008|

LESSON 1

I visited him yesterday

01. 단어 외우기 |014|
02. 과거시제 |015|
03. -ed를 붙이는 방법 |017|
04. -ed를 읽는 방법 |019|
05. 요일, 계절, 달 이름 |022|
06. 의문문 |025|
07. 부정문 |026|
08. 불규칙 동사 |032|

LESSON 2

She is playing the piano

01. 단어 외우기	|042|
02. ~ing의 뜻	|043|
03. ~ing 붙이는 방법	|043|
04. is ~ing가 나타내는 뜻	|045|
05. 현재와 현재진행형	|048|
06. 과거진행 (was ~ing)	|051|
07. 예정을 나타내는 ~ing	|057|
08. is ~ing로 할 수 없는 동사	|058|
09. is ~ing에서 is를 빼면	|060|

LESSON 3

I can read this book

01. 단어 외우기	|072|
02. will, can, must, may	|073|
03. 조동사의 활용	|076|
04. 의문문	|078|
05. 부정문	|079|
06. must의 두 가지 뜻	|080|
07. 나머지 조동사	|089|
08. 의문문과 부정문	|092|

LESSON 4

What time is it?

01. 단어 외우기	|099|
02. 시간을 말하기	|100|
03. at + 시각	|103|
04. 날씨에 대하여 말하기	|111|
05. 요일을 말하기	|113|
06. 날짜에 대하여 말하기	|114|
07. 전치사와 때	|115|
08. 거리를 말하기	|118|
09. 소요시간을 말하기	|119|

LESSON 5

I teach them English

01. 단어 외우기	|126|
02. 수여동사	|127|
03. I gave a book to Tom	|133|
04. 부가의문	|138|
05. 부가의문의 억양	|142|
06. too와 either	|144|
07. so와 neither	|145|

LESSON 6

He ran across the street

01. 단어 외우기	|150|
02. 전치사의 역할	|151|
03. 동사만 바꾸기	|154|
04. 전치사의 활용	|156|
05. 공통요소의 생략	|167|
06. 소유격 's와 of	|172|
07. of의 여러가지 뜻	|174|

LESSON 7

I am as busy as you

01. as ~ as	|185|
02. ~er than	|192|
03. 비교급 만들기	|193|
04. more를 붙이는 비교급	|197|
05. 불규칙 변화	|200|
06. more than과 rather than	|202|
07. -est (최상급)	|206|
08. 최상급 만들기	|207|

I know that Tom studies hard

01. I know that + 주어 + 동사	|215|
02. 주절의 동사를 바꾸기	|218|
03. 시제의 일치	|220|
04. 종속절의 동사가 항상 현재인 것	|221|
05. 동사 외우기	|223|
06. to의 유무	|224|
07. 주어 + 동사 + wh- (의문사)	|230|
08. 주어 + 동사 + wh- + to + 동사	|237|
09. 알아두면 유익한 영어 문장 외우기	|239|

학습진단	|240|
해답 및 풀이	|245|

LESSON 1

LESSON 1

I visited him yesterday

단어 외우기   01

철자	발음기호	뜻	철자	발음기호	뜻
do	[duː]	(숙제를)하다	pass	[pæs]	지나다, 합격하다
supper	[sʌ́pər]	저녁식사	last	[læst]	지난, 최후의
touch	[tʌtʃ]	만지다	see	[siː]	보다, ~이 보이다
sell	[sel]	팔다	~ ago	[əgóu]	~전에
kill	[kil]	죽이다	yesterday	[jéstərdéi]	어제
baby	[béibi]	아기	homework	[hóumwə̀rk]	숙제
fail	[feil]	실패하다	picnic	[píknik]	소풍
singer	[síŋər]	가수	French	[frentʃ]	프랑스어
just	[dʒʌst]	꼭, 바로	after ~	[ǽftər]	~뒤에, ~후에
just now	[- nau]	방금	hour	[áuər]	(한) 시간, 때, 시각
horse	[hɔːrs]	말(馬)	succeed	[səksíːd]	성공하다, 계승하다
sheep	[ʃiːp]	양(들)	Smith	[smiθ]	스미스
wolf	[wulf]	늑대	cook	[kuk]	요리하다, 요리사
fox	[faks]	여우	party	[páːrti]	모임, 파티, 연회
dream	[driːm]	꿈(을 꾸다)	stay	[stei]	머물다
cry	[krai]	울다, 외치다	sin	[sin]	죄(를 짓다)
end	[end]	끝(나다)	nod	[nɔd, nad]	(머리를) 끄덕이다

과거시제   02

『~한다』를 현재시제라 하고 『~했다』를 과거시제라 한다.

현재시제			과거시제	
나는 자주 그이를	방문한다.	⇨	나는 자주 그이를	방문했다.
제인은 한국어를	배운다.	⇨	제인은 한국어를	배웠다.
나는 그녀를	사랑한다.	⇨	나는 그녀를	사랑했다.

동사의 끝에 **ed**를 붙이면 『~했다』가 된다.

(1-ㄱ) 나는 가끔 그이를 방문한다.
(1-ㄴ) 나는 가끔 그이를 방문했다. } 의 비교

(1-ㄱ)=	I sometimes	visit	him.
(1-ㄴ)=	I sometimes	visited	him.

(2-ㄱ) 제인은 한국어를 배운다.
(2-ㄴ) 제인은 한국어를 배웠다. } 의 비교

(2-ㄱ)=	Jane	learns	Korean.
(2-ㄴ)=	Jane	learned	Korean.

현재와 과거를 한데 묶어 놓았으니 잘 익혀두기 바란다.

want wanted	원한다 원했다	open opened	(문 따위를) 연다, ~를 개최한다 열었다, 개최했다
help helped	도와준다 도와주었다	pass passed	통과한다, 합격한다 통과했다, 합격했다
play played	논다, 연주한다 놀았다, 연주했다	dream dreamed	꿈꾼다 꿈꾸었다
stay stayed	머문다 머물렀다	end ended	끝난다 반댓말 : start 시작한다 끝났다 * started 시작했다

예문 보기:

He	killed	the bird.	그가 그 새를 죽였다.
He	looked	for a good job.	그는 좋은 직장을 찾아보았다.
They	repaired	the road.	그들은 그 길을 보수했다.
He	kicked	me.	그가 나를 발로 찼다.
She	poured	out tea.	그녀는 차를 따랐다.
She	mixed	flour and salt.	그녀는 밀가루와 소금을 섞었다.
He	failed	(in) the exam again.	그는 시험에 또 떨어졌다.

-ed를 붙이는 방법   03

(A) love, live처럼 끝 글자가 e이면 -d만 붙인다.

| love | 사랑한다 | live | 산다 | like | 좋아한다 |
| loved | 사랑했다 | lived | 살았다 | liked | 좋아했다 |

(B) study처럼 끝 글자가 『자음 + y』이면 y를 버리고 ied를 붙인다.
즉, -by, -dy, -fy, -gy, -ky, -ly, -my, -ny, -py, -sy, -ty, -vy로 끝나면 y를 버리고 ied를 붙인다. 그러나 -ay, -ey, -oy, -uy로 끝나면 ed만 붙인다.

| study | 공부한다 | rely | 의지한다 | cry | (엉엉)운다 |
| studied | 공부했다 | relied | 의지했다 | cried | (엉엉)울었다 |

- play의 과거는 plaied가 아니고 played이다.
- 또 pray의 과거는 praied가 아니라 prayed이다.

(C) stop처럼 끝 글자가 <모음 + 자음>이면 끝에 있는 자음을 한 번 더 쓰고 ed를 붙인다.
그러나 <모음+ 모음 + 자음>인 것은 ed만 붙인다.

| stop | 정지한다 | nod | (머리를) 끄덕인다 | sin | 죄를 짓다 |
| stopped | 정지했다 | nodded | (머리를) 끄덕였다 | sinned | 죄를 지었다 |

cook <요리하다>, look <보다>, lean <기대다> 등은 『모음 + 모음+ 자음』이기 때문에 ed만 붙인다.

- 즉, look ⇨ looked / lean ⇨ leaned

(D) 음절이 두 개 이상인 단어가 『모음 + 자음』으로 끝나면 (a)에 속하느냐 (b)에 속하느냐에 따라 끝 글자를 겹쳐 쓰느냐 그냥 ed만 붙이느냐가 결정된다.

(a) 액센트가 끝 음절에 있으면 끝 글자를 한 번 더 쓰고 ed를 붙인다.

ad-mít	[ədmít]	인정하다	마지막 음절 mit에 액센트가 있다
ad-mítted	[ədmítid]	인정했다	그래서 끝 글자 t를 한 번 더 쓴다.
pre-fér	[prifə́:r]	~를 더 좋아하다	마지막 음절 fer에 액센트가 있다
pre-ferred	[prifə́:rd]	~를 더 좋아했다	그래서 끝 글자 r를 한 번 더 쓴다.

prefer는 다음과 같이 사용한다.

I	prefer	coffee	to	tea.	
나는	더 좋아한다	커피	~보다	홍차	나는 홍차보다 커피를 더 좋아한다.

(b) 액센트가 끝음절에 있지 않으면 ed만 붙인다.

ví-sit	[vízit]	방문하다	액센트가 끝음절에 있지 않다.
vi-sited	[vízitid]	방문했다	그래서 ed만 붙인다.
re-mém-ber	[remémbər]	생각나다	액센트가 끝음절에 있지 않다.
re-mém-bered	[rimémbərd]	생각났다	그래서 ed만 붙인다.

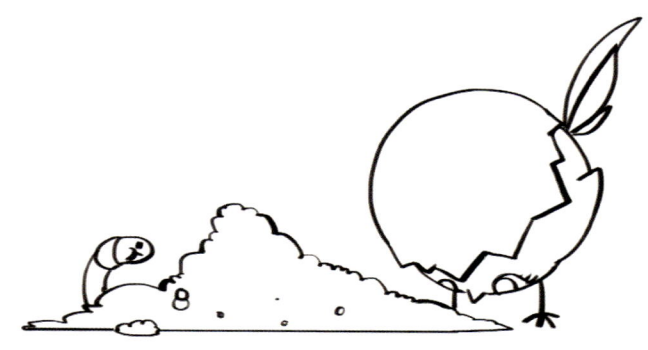

-ed를 읽는 방법   04

(A) -ted는 [-tid]라고 읽고, -ded는 [did]라고 읽는다.

wanted	ended	visited	waited
⇩	⇩	⇩	⇩
[wɔntid]	[endid]	[vízitid]	[weitid]
			기다렸다

(B) -ked, -ped, -ssed, -ced, -shed, -ched에서 ed는 [t]로 읽는다.

따라서 -ked는 [kt]라고 읽고 -ped는 [pt]라고 읽으며 -ssed 와 -ced는 [st]라고 읽는다.
-shed는 [ʃt]라고 읽고 -ched는 [tʃt]라고 읽는다.

looked	[lukt]	보았다	faced	[feist]	~와 직면했다
helped	[helpt]	도왔다	washed	[wɔʃt]	씻었다
missed	[mist]	놓쳤다	watched	[wɔtʃt]	지켜보았다

(C) 그 외의 -ed 즉, (A) (B)에 해당하지 않는 -ed는 [d]라고 읽는다.

opened	[óupənd]	closed	[klouzd]	learned	[lə:rnd]
played	[pleid]	studied	[stʌdid]	loved	[lʌvd]
lived	[livd]	died	[daid]	killed	[kild]
failed	[feild]	arrived	[əráivd]	allowed	[əláud]

반가운 영어   I visited him yesterday

연·습·문·제 1

아래의 동사에 -ed를 붙이시오.

(1)	work		일하다
(2)	séver		절단하다
(3)	want	[wɑnt]	원하다, 없다
(4)	vísit		방문하다
(5)	tap	[tæp]	가볍게 치다
(6)	cry		울다, 외치다
(7)	deláy	[diléi]	미루다
(8)	slam	[slæm]	쾅 닫다
(9)	help		돕다
(10)	end		끝나다
(11)	slúmber	[slʌ́mbə:r]	졸다, 자다
(12)	refér	[rifə́:r]	말하다, 언급하다
(13)	stab	[stæb]	꿰찌르다
(14)	walk	[wɔ:k]	걷다
(15)	shárpen	[ʃɑ:rpən]	(칼을) 갈다
(16)	excél	[iksél]	능가하다
(17)	trável	[trǽvəl]	여행하다
(18)	succeéd	[səksí:d]	성공하다
(19)	clean	[kli:n]	청소하다
(20)	stop		정지하다
(21)	sin		죄짓다
(22)	retúrn	[ritə́:rn]	돌아가(오)다
(23)	add	[æd]	보태다
(24)	repeát	[ripí:t]	반복하다

동사의 뜻을 아는 것만으로는 별로 의미가 없다. 그 동사를 이용할 수 있어야 그 동사를 제대로 알고 있는 것이다. 다음 쪽에 있는 문장을 꼭 외워야 한다.

20쪽에 있는 동사를 이용한 문장들

(1)	He severed his lifelong(평생의) friend.	그는 평생 사귄 벗과 관계를 끊었다.
(2)	The guy wants(모자란다) wit(재치).	그 녀석은 재치가 없다.
(3)	She tapped me on the back(등).	그녀는 나의 등을 톡톡 두드렸다.
(4)	She cried in pain(고통) (for joy).	그녀는 아파서(기뻐서) 울었다.
(5)	The heavy snow delayed the train.	폭설로 기차가 연착했다.
(6)	Don't slam the door.	그 문을 쾅 닫지 마라.
(7)	Our vacation(방학) ended.	우리들의 방학은 끝났다.
(8)	My conscience(양심) never slumbers.	나의 양심은 항상 깨어 있다.
(9)	He referred to his wife.	그는 자기 아내에 대하여 말했다.
(10)	Somebody stabbed him with a knife.	누군가가 칼로 그이를 찔렀다.

(11)	Sharpen the pencil (knife).	연필을 깎아라. (칼을 갈아라)
(12)	The girl excels me in wit.	그 소녀는 재치 면에서는 나를 능가한다.
(13)	He succeeded in life.	그는 출세했다. * in life 인생에서
(14)	She cleaned the floor(마루).	그녀는 마루를 닦았다.
(15)	Man's nature(본성) is to sin.	인간의 본성은 죄를 짓게 되어 있다.
(16)	Add sugar to the coffee.	커피에 설탕을 타라.
(17)	He returned to life.	그는 다시 살아났다.
(18)	He repeated a mistake.	그는 같은 실수를 되풀이했다.

※ (7)번 ended 대신에 was over를 사용해도 된다.

요일, 계절, 달 이름   05

요일과 계절의 이름 (요일의 첫 글자는 대문자)

Sunday	[sʌ́ndei, –di]	일요일	on Sunday	일요일에
Monday	[mʌ́ndei, –di]	월요일	on Monday	월요일에
Tuesday	[tjúːzdei, –di]	화요일	on Tuesday	화요일에
Wednesday	[wénzdei, –di]	수요일	on Wednesday	수요일에
Thursday	[θə́ːrzdei, –di]	목요일	on Thursday	목요일에
Friday	[fráidei, –di]	금요일	on Friday	금요일에
Saturday	[sǽtərdei, –di]	토요일	on Saturday	토요일에

spring	[spriŋ]	봄	in (the) spring	봄에
summer	[sʌ́mər]	여름	in (the) summer	여름에
autumn	[ɔ́ːtəm]	가을	in (the) autumn	가을에
fall	[fɔːl]	가을	in (the) fall	가을에
winter	[wíntər]	겨울	in (the) winter	겨울에

- He returned home on Saturday. <그는 토요일에 고향에 돌아갔다.>
- She returned to dust in (the) spring. <그녀는 봄에 죽었다.>

* return to dust 티끌로 돌아가다 = 죽다

12달의 이름 (첫 글자는 대문자)

1월	January	[dʒǽnjuəri]	1월에 =	in	January
2월	February	[fébruəri]	2월에 =	in	February
3월	March	[mɑːrtʃ]	3월에 =	in	March
4월	April	[éipril]	4월에 =	in	April
5월	May	[mei]	5월에 =	in	May
6월	June	[dʒuːn]	6월에 =	in	June
7월	July	[dʒulái]	7월에 =	in	July
8월	August	[ɔ́ːgəst]	8월에 =	in	August
9월	September	[septémbər]	9월에 =	in	September
10월	October	[ɔktóubər]	10월에 =	in	October
11월	November	[nouvémbər]	11월에 =	in	November
12월	December	[disémbər]	12월에 =	in	December

last ~ 지난 ~

last year	지난해에	last Christmas	지난 크리스마스에
last month	지난달에	last Sunday	지난 일요일에
last week	지난주에	last evening	어제 저녁에
last summer	지난 여름에	last night	어제 (지난) 밤에

※ last evening = yesterday evening

~ ago, 연대, 기타

a	year	ago	일 년 전에	many	days	ago	여러 날 전에
two	months	ago	두 달 전에	an	hour	ago	한 시간 전에
three	weeks	ago	3주 전에	five	minutes	ago	5분 전에

in 1980	1980년에	yesterday	어제
in 1996	1996년에	yesterday morning	어제 아침에
in 1950	1950년에	yesterday afternoon	어제 오후에

동사가 과거시제이면 지나간 때를 나타내는 말을 써야 한다.
아래의 문장에서 때를 나타내는 말을 익히기 바란다.

동사(과거)				때를 나타내는 말	
(3-ㄱ)	I phoned	him	just now.	나는 방금 그에게 전화했다.
(3-ㄴ)	I phoned	him	yesterday.	나는 어제 그에게 전화했다.
(3-ㄷ)	I phoned	him	three hours ago.	나는 3시간 전에 그에게 전화했다.
(3-ㄹ)	I visited	him	last month.	나는 지난달에 그를 방문했다.
(3-ㅁ)	I visited	him	last year.	나는 작년에 그를 방문했다.
(3-ㅂ)	I visited	him	in 2013.	나는 2013년에 그를 방문했다.
(3-ㅅ)	I visited	him	many years ago.	나는 여러 해 전에 그를 방문했다.
(3-ㅇ)	I visited	him	~~tomorrow.~~ (X)	틀린 문장임

※ phoned = called
※ visited = called on

LESSON 1   반가운 영어

의문문 06

do나 does 대신에 did를 사용하면 <~했습니까?>라는 뜻이 된다.

(4-ㄱ) 너는 영어를 배우느냐? ⎫
(4-ㄴ) 너는 영어를 배웠느냐? ⎬ 의 비교

| (4-ㄱ)= | Do | you learn English? |
| (4-ㄴ)= | Did | you learn English? |

(5-ㄱ) 톰은 제인을 좋아합니까? ⎫
(5-ㄴ) 톰은 제인을 좋아했습니까? ⎬ 의 비교

| (5-ㄱ)= | Does | Tom like Jane? |
| (5-ㄴ)= | Did | Tom like Jane? |

재치가 번뜩이는 대답

선생님 : What is revolution? 〈혁명이란 무엇인가?〉
학생 : To love ruin. 〈파괴를 좋아하는 것〉입니다.

* ruin [rú:in] 파괴

혁명이란 종래 있던 권위나 방식을 뒤집어엎고 새로운 권위와 방식을 창조하는 일이다. revolution을 To love ruin이라고 대답한 학생은 revolution이라는 단어를 부수어 새로 To (revolution) love (revolution) ruin (revolution)을 만든 것이다. 이만하면 재치 있는 학생이 아닌가?

did가 있으면 -ed를 붙일 수 없다.

평서문				
(6-ㄱ)		Tom	wanted	a camera.
(6-ㄴ)		They	passed	the exam.
(6-ㄷ)		She	helped	us.
(6-ㄹ)		He	worked	hard.

의문문				
(6-ㅁ)	Did	Tom	want	a camera?
(6-ㅂ)	Did	they	pass	the exam?
(6-ㅅ)	Did	she	help	us?
(6-ㅇ)	Did	he	work	hard?

※ (6-ㅁ)을 Did Tom wanted a camera? 라고 하면 안 된다.

의문문	
(6-ㅁ)=	톰은 카메라를 원했느냐?
(6-ㅂ)=	그들은 시험에 붙었느냐?
(6-ㅅ)=	그녀가 우리들을 도왔느냐?
(6-ㅇ)=	그이는 열심히 일했느냐?

부정문   07

do not, does not 대신에 did not을 사용하면 <~하지 않았다>라는 뜻이 된다.

(7-ㄱ) 우리들은 야구를 좋아하지 않는다.
(7-ㄴ) 우리들은 야구를 좋아하지 않았다. } 의 비교

(7-ㄱ)=	We	do	not	like baseball.
(7-ㄴ)=	We	did	not	like baseball.

(8-ㄱ) 톰은 열심히 공부하지 않는다.
(8-ㄴ) 톰은 열심히 공부하지 않았다. } 의 비교

| (8-ㄱ)= | Tom | does | not | study hard. |
| (8-ㄴ)= | Tom | did | not | study hard. |

아래의 문장에서도 did와 -ed의 관계를 눈여겨보기 바란다.

긍정문	(8-ㄷ)	Tom		wanted	a car.
	(8-ㄹ)	Jane		visited	me.
부정문	(9-ㅁ)	Tom	did not	want	a car.
	(9-ㅂ)	Jane	did not	visit	me.

| 부정문 | (9-ㅁ)= | 톰은 차를 원하지 않았다. |
| | (9-ㅂ)= | 제인은 나를 방문하지 않았다. |

―――― 격 언 ――――

"Even Homer sometimes nods."

원숭이도 나무에서 떨어질 때가 있다.

* **even** [íːvən] ~조차도, 심지어   * **Homer** 호머, 호메로스 (기원전 10세기의 그리스의 시인) 일리아드와 오디세이의 작자   * **even Homer** 호머조차도   * **nod** (머리를) 끄덕이다. 수긍하다

연·습·문·제 2

다음 문장을 의문문으로 고치시오.

(1) Tom likes the teacher.
(2) Tom liked the teacher.
(3) Jane studies English very hard.
(4) Jane studied English very hard.
(5) She phones (=calls) Tom very often.
(6) She phoned (=called) Tom very often.
(7) They work very hard.
(8) They worked very hard.
(9) My uncle lives in that house.
(10) My uncle lived in that house many years ago.

(11) Jane is very kind.
(12) Jane goes to school by bus.
(13) She tapped me on the shoulder(어깨).
(14) The heavy rain delayed the bus.
(15) He doesn't refer to his childhood(어린시절).
(16) You must return this book to the shelf(서가).
(17) He excels me in mathematics(수학).
(18) The jerk(멍텅구리) repeated a question(질문).

연·습·문·제 3

(a)난에 –ed의 발음기호를 쓰시오.

		(a)	뜻
(1)	danced		춤추다
(2)	planted		심다
(3)	succeeded		성공하다
(4)	studied		공부하다
(5)	lived		살다
(6)	invited		초대하다
(7)	walked		걷다
(8)	played		놀다
(9)	worked		일하다
(10)	wanted		원하다

(11)	learned		배우다
(12)	tapped		가볍게 두드리다
(13)	arrived		도착하다
(14)	killed		죽이다
(15)	closed		닫다
(16)	passed		통과하다
(17)	died		죽다
(18)	kissed		키스하다
(19)	liked		좋아하다
(20)	helped		돕다

(21)	opened		열다
(22)	loved		사랑하다
(23)	visited		방문하다
(24)	watched		관찰하다

연·습·문·제 4

아래의 우리말을 영어로 말하고 또 쓰시오.

(1-a) 브라운 씨(Mr. Brown)는 지난 일요일 나를 방문했다.
(1-b) 그녀는 지난 일요일 브라운 씨를 방문했습니까?.
(1-c) 브라운 씨는 지난 일요일 나를 방문하지 않았다.
(1-d) 브라운 씨는 나를 방문하는 일이 거의 없다.
(1-e) 브라운 씨는 나를 이따금 방문한다.
(2-a) 그는 2011년에 부산에서 살았다.
(2-b) 그는 2011년에 부산에서 살았습니까?
(2-c) 그는 2011년에 서울에서 살지 않았다.
(2-d) 그는 2011년에 어디에서 살았습니까?
(2-e) 그는 언제 부산에서 살았습니까?
(2-f) 그는 몇 년 전에 부산에서 살았습니까?

(3-a) 김씨(Mr. Kim)는 많은 돈을 저축했다.　　　* save 저축하다
(3-b) 김씨는 많은 돈을 저축했습니까 ?
(3-c) 김씨는 많은 돈을 저축하지는 않았다.
(3-d) 김씨는 돈을 얼마 저축했습니까?
(3-e) 김씨는 몇 달러 저축했느냐?
(3-f) 누가 그렇게 많은(so much money) 돈을 저축했습니까?
(3-g) 너는 누구를 위하여 그렇게 많은 돈을 저축했느냐?

(4-a) 그는 보통 오후 8시에(at 8 p.m.) 가게 문을 닫는다(close his shop).
(4-b) 그는 어제 오후 9시에 가게 문을 닫았다.
(4-c) 그는 어제 오후 9시에 가게 문을 닫았습니까?
(4-d) 그는 어제 오후 8시에 가게 문을 닫지 않았다.
(4-e) 그는 어제 몇 시에 가게를 닫았습니까?
(4-f) 그는 보통 몇 시에 가게를 닫습니까?
(5-a) 김씨는 어제 많은 나무를 심었다.   * plant trees 나무를 심다
(5-b) 김씨는 어제 많은 나무를 심었습니까?
(5-c) 김씨는 어제 나무를 몇 그루 심었습니까?
(5-d) 김씨는 어제 무엇을 했습니까?

(6) 그 문을 쾅쾅 닫지 마세요. (slam)
(7) 그 게임은 방금 끝났다.   * end 끝나다
(8) 그녀는 자기의 남편에 대하여 언급했다(말했다).   * refer to 언급하다
(9) 그 밧줄(rope)을 둘로(in two) 나누시오. (sever)
(10) (너의) 이를(teeth) 닦아라. (clean)
(11) 그는 결국(at last) 흙으로 (to dust) 돌아갔다. (return) (= 죽었다)
(12) 그녀는 음악에서는 나를 능가한다. (excel)
(13) 그 위스키에(whisky) 물을 타시오. (add A to B)
(14) 그녀는 좋아서 춤을 추었다.   * dance 춤을 추다   * for joy 좋아서

불규칙 동사　　　　　　　　　　　　　08

아래 동사의 변화를 눈여겨보세요.

	현재	과거	틀린 것
(a)	go [gou] 간다	went [went] 갔다	goed가 아님
(b)	buy [bai] (물건을)산다	bought [bɔ:t] 샀다	buyed가 아님
(c)	make [meik] 만든다	made [meid] 만들었다	maked가 아님

동사의 끝에 ed를 붙이면 과거의 행위를 나타내는 뜻을 지니게 되는데 이러한 규칙을 따르지 않는 동사를 **불규칙 동사**라 부른다. 몇 가지 예문을 들어본다.

(9-ㄱ) 그녀는 매일 도서관에 간다.　⎫
(9-ㄴ) 그녀는 어제 도서관에 갔다.　⎬ 의 비교

(9-ㄱ)= She　goes　to the library　every day.

(9-ㄴ)= She　went　to the library　yesterday.

※ (9-ㄴ)을 She goed to the library yesterday.라고 하면 안 된다.
※ every day를 everyday로 붙여 쓰면 안 된다.

(10-ㄱ) 톰은 일찍 일어난다.
(10-ㄴ) 톰은 일찍 일어났다. } 의 비교

| (10-ㄱ)= | Tom | gets | up early. |
| (10-ㄴ)= | Tom | got | up early. |

* get의 과거는 got [gɑt, gɔt]이다.

(11-ㄱ) 나는 그이를 자주 만난다.
(11-ㄴ) 나는 그이를 자주 만났다. } 의 비교

| (11-ㄱ)= | I often | meet | him. |
| (11-ㄴ)= | I often | met | him. |

* meet의 과거는 met이다.

아래에 있는 불규칙 동사의 변화를 외우고 나아갑시다.

원형 또는 현재	과거	과거	발음기호	뜻
teach	가르치다	taught	[tɔ:t]	가르쳤다
buy	사다	bought	[bɔ:t]	샀다
feel	느끼다	felt	[felt]	느꼈다
eat	먹다	ate	[eit]	먹었다
write	(글을) 쓰다	wrote	[rout]	(글, 문장을) 썼다

원형 또는 현재		과거	발음기호	뜻
sell	팔다	sold	[sould]	팔았다
do	하다	did	[did]	(일, 숙제 따위를) 했다
read	읽다	read	[red]	읽었다
make	만들다	made	[meid]	만들었다
drive	운전하다	drove	[drouv]	운전했다, 몰았다
speak	말하다	spoke	[spouk]	말했다
swim	수영하다	swam	[swæm]	수영했다
have	가지고 있다	had	[hæd]	~를 가지고 있었다, 소유했었다
drink	마시다	drank	[dræŋk]	마셨다
say	말하다	said	[sed]	말했다
run	달리다	ran	[ræn]	달렸다
see	보다	saw	[sɔː]	보았다
leave	떠나다	left	[left]	떠났다
come	오다	came	[keim]	왔다
sit	앉다	sat	[sæt]	앉았다, 앉아있었다
know	알다	knew	[njuː]	알았다, 알고있었다
find	발견하다	found	[found]	발견했다
fly	날다	flew	[fluː]	날았다

연·습·문·제 5

다음 문장을 의문문으로 고치시오.

(1) Jane wants a new car.
(2) Jane wanted a new car.
(3) Tom and Jane like dogs.
(4) Tom and Jane liked dogs.
(5) She is sick of boiled eggs.
(6) She was sick of boiled eggs.
(7) Jane goes to school by subway.
(8) Jane went to school by subway.
(9) Jane studies very hard.
(10) Jane studied very hard.
* boiled 삶은   * boiled egg 삶은 계란   * is sick of ~ 에 질리다   * subway 지하철

(11) Miss Kim got up early.
(12) Miss Kim gets up early.
(13) The teacher teaches English very well.
(14) The teacher taught English very well.
(15) The boys swim in the river very often.
(16) The boys swam in the river yesterday.
(17) Mr. Brown bought this car last month.
(18) Jane usually does her homework after supper.
(19) Jane did her homework after supper yesterday.

(20) She knows the way.   * way [wei] 길
(21) She knew all about it.   * all [ɔːl] 모든 것
(22) She had a lot of money.   * about it 그것에 대하여

* after [ǽftər] ~뒤에   * supper [sʌ́pər] 저녁식사   * after supper 저녁식사 후에
* homework [hóumwəːrk] 숙제   * do 하다   * do one's homework 숙제를 하다
* a lot of ~ 많은 (=much)

연·습·문·제 6

다음 동사의 과거와 뜻을 쓰시오.

(1)	go		(2)	get	
(3)	meet		(4)	buy	
(5)	eat		(6)	drive	
(7)	teach		(8)	write	
(9)	have		(10)	sell	
(11)	do		(12)	read	
(13)	make		(14)	speak	
(15)	swim		(16)	see	
(17)	run		(18)	come	
(19)	sit		(20)	feel	
(21)	say		(22)	know	
(23)	leave		(24)	find	
(25)	fly		(26)	am	
(27)	is		(28)	are	

연·습·문·제 7

다음 문장을 부정문으로 고치시오.

(1) We visited him yesterday.
(2) I know his telephone number.   * telephone number 전화번호
(3) I knew his telephone number.
(4) Tom went to Busan by train.
(5) He drove carefully.   * carefully [kɛ́əfəli] 조심스럽게
(6) I said goodbye to him.   * said goodbye to ~에게 작별인사 했다
(7) We had a good time at the picnic.   * had a good time 재미있게 놀았다
(8) Jane was a teacher.   * at the picnic 소풍가서, 소풍에서
(9) She failed in the exam.   * fail [feil] 실패하다
(10) I did my homework after supper.

(11) He has a cold.   * cold [kould] 감기
(12) There is a church in the village.   * church 교회   * village 마을
(13) He referred to his wife.
(14) I found the key in the drawer.   * drawer [drɔːər] 서랍, 인출인, 제도자
(15) I met him in the park.   * in the park 공원에서
(16) The teacher teaches English very well.

연·습·문·제 8

아래의 우리말을 영어로 말하시오.

(1)	지난해에		(2)	어젯 밤에	
(3)	화요일에		(4)	지난 화요일에	
(5)	다섯 달 전에		(6)	10년 전에	
(7)	3월에		(8)	1990년에	
(9)	일요일에		(10)	봄에	
(11)	오늘 아침에		(12)	내일 아침에	
(13)	어제 아침에				

(14) 스미스 씨(Mr. Smith)는 어제 그 동물원에 갔다.
(15) 스미스 씨는 어제 그 동물원에 가지 않았다.
(16) 스미스 씨는 어제 그 동물원에 갔습니까?
(17) 스미스 씨는 언제 그 동물원에 갔습니까?
(18) 스미스 씨는 어제 어디에 갔습니까?
(19) 누가 어제 그 동물원에 갔습니까?
(20) 그녀는 매주 많은(a lot of) 계란을 산다.
(21) 그녀는 매주 많은 계란을 삽니까?
(22) 그녀는 어제 많은 계란을 샀다.

(23) 그녀는 어제 많은 계란을 샀습니까?
(24) 그녀는 어제 계란을 몇 개 샀습니까?
(25) 그녀는 왜 많은 계란을 샀습니까?
(26) 그녀는 어제 계란을 많이 사지는 않았다. (부정문에서는 **many**를 써야 함)
(27) 그녀는 어제 무엇을 샀습니까?
(28) 반 양 (**Miss Barn**)은 이따금 그 공원에 간다.
(29) 반 양은 지난 일요일에 그 공원에 갔다.
(30) 반 양은 지난 일요일에 그 공원에 갔느냐?

(31) 반 양은 지난 일요일에 어디에 갔느냐?
(32) 누가 지난 일요일에 그 공원에 갔느냐?
(33) 반 양은 지난 일요일에 그 공원에 가지 않았다.
(34) 그 공원에 가라.
(35) 그 공원에 가지 마시오.
(36) 그 공원에 갑시다.
(37) 그 공원에 가지 맙시다.
(38) 나는 그 작가(**writer**)를 1990년에 만났다.
(39) 그 작가는 지난해 작고했다.   * **die** 죽다 = 작고하다

(40) 그 작가는 지난해 작고했느냐?
(41) 그 작가는 언제 작고했느냐?
(42) 그이의 누나는 간호사이다.
(43) 그이의 누나는 간호사였다.
(44) 그이의 누나는 간호사였습니까?
(45) 너의 집 앞에 두 대의 차가 있었다.

(46) 너의 집 앞에 두 대의 차가 있었느냐?
(47) 너의 집 앞에 차가 몇 대 있었느냐?
(48) 너의 아버지는 어디 계시느냐?
(49) 여기가 어디냐? (= 내가 어디에 있습니까?)
(50) 그는 자기 어머니에게 자주 편지를 썼다. (write to A = A에게 편지 쓰다)
(51) 그는 자기의 어머니에게 편지를 쓰지 않았다.
(52) 그는 자기의 어머니에게 자주 편지를 썼습니까?

LESSON 2

LESSON 2

She is palying the piano

단어 외우기　01

철자	발음기호	뜻	철자	발음기호	뜻
moon	[muːn]	(하늘의) 달	set	[set]	(해가) 지다
paint	[peint]	칠하다, 그리다	listen	[lísn]	귀담아 듣다
put	[put]	놓다, 두다	breeze	[briːz]	미풍
put on	[put ɔn]	입다, 신다, 쓰다	watch	[wɔtʃ]	유심히 보다
turn	[təːrn]	돌리다, 돌다	build	[bild]	건설하다, 짓다
turn on	[təːrn ɔn]	켜다 (⇔ 끄다)	pool	[puːl]	웅덩이, 풀장
turn off	[təːrn ɔf]	끄다, 틀어막다	rest	[rest]	휴식(하다)
fly	[flai]	날다	rise	[raiz]	(해가) 뜨다
take off	[teik ɔf]	벗다	child	[tʃaild]	어린이
get on	[get ɔn]	(탈 것) 타다	children	[tʃíldrən]	어린이들
get off	[get ɔf]	(탈것에서) 내리다	roll	[roul]	구르다, 두루마리
wait	[weit]	기다리다	sleep	[sliːp]	잠자다
wait for	[weit fɔːr]	~를 기다리다	key	[kiː]	열쇠
radio	[réidiou]	라디오	sun	[sʌn]	태양
shoe	[ʃuː]	신발	leaf	[liːf]	잎
look at	[luk æt]	~을 보다	fall	[fɔːl]	떨어지다
look for	[luk fɔːr]	~를 찾아보다	tremble	[trémbl]	떨리다
bridge	[bridʒ]	다리, 교량	tie	[tai]	묶다, 매다

~ing의 뜻　02

동사의 끝에 -ing를 붙이면 <~하고 있는>이라는 뜻을 나타내게 된다. 따라서 help**ing**의 뜻은 <돕고 있는>이고 go**ing**의 뜻은 <가고 있는>이다. 다음의 보기를 눈여겨보아라.

help	[help]	돕다
help**ing**	[helpiŋ]	돕고 있는
sleep	[sli:p]	(잠을)자다
sleep**ing**	[sli:piŋ]	자고 있는
cry	[krai]	울다
cry**ing**	[kraiiŋ]	울고 있는
read	[ri:d]	읽다
read**ing**	[ri:diŋ]	읽고 있는

-ing를 붙이는 방법　03

(A) 끝 글자가 -e이면 e를 버리고 **ing**를 붙인다.

| write | [rait] | 쓰다 | make | [meik] | 만들다 |
| writ**ing** | [raitiŋ] | 쓰고 있는 | mak**ing** | [meikiŋ] | 만들고 있는 |

아래의 동사는 모두 (A)에 해당된다.
a) liv**e** <살다>　b) hav**e** <가지고 있다>　c) invit**e** <초대하다>

(B) 17쪽의 (C)에 해당하면 끝 글자를 한 번 더 쓰고 ing를 붙인다.

swim swimming	수영하다 수영하고 있는	run running	달리다 달리고 있는
set setting	(해가) 지다 지고 있는	stop stopping	정지하다 정지하고 있는

• meet cook, look, lean, wait등은 『모음 + 모음 + 자음』이기 때문에 ing만 붙인다.
  meetting이 아니고 meeting이다. 또 lookking이 아니라 looking이다.

(C) 18쪽 (D)의 (a)에 해당하면 끝 글자를 한 번 더 쓰고 ing를 붙인다. 18쪽 (D)의 (b)에 해당하면 ing만 붙인다. 액센트를 눈여겨보아라.

be-gínning	시작하고 있는	18쪽 (D)의 (a)에 해당
óp-ening	열고 있는	18쪽 (D)의 (b)에 해당

per-mítting	허락하고 있는	18쪽 (D)의 (a)에 해당
lím-iting	제한하고 있는	18쪽 (D)의 (b)에 해당

(D) ie로 끝나면 ie를 버리고 ying를 붙인다.

die dying	죽다 죽어가고 있는	tie tying	동여매다. 묶다 동여매고 있는, 묶고 있는

is ~ing가 나타내는 뜻　　04

kind<친절한> 앞에 is를 사용하여 is kind라고 하면 『친절하다』가 되는 것처럼 crying<울고 있는> 앞에 is를 사용하여 is crying이라고 하면 『울고 있다』가 된다. 다음의 보기를 눈여겨보아라.

	sleeping	잠자고 있는
is	sleeping	잠자고 있다

	waiting	기다리고 있는
is	waiting	기다리고 있다

	dying	죽어가고 있는
is	dying	죽어가고 있다

	coming	오고 있는
is	coming	오고 있다

	working	일하고 있는
is	working	일하고 있다

	running	달리고 있는
is	running	달리고 있다

아래 표에서 happy와 singing의 위치를 눈여겨보세요.

The		girl		happy	의미 없음
The		girl		singing	의미 없음
The		girl	is	happy	그 소녀는 행복하다. (행복합니다.)
The		girl	is	singing	그 소녀는 노래를 부르고 있다.
The	happy	girl			그 행복한 소녀
The	singing	girl			노래하고 있는 그 소녀
The	happy	girl	is	my sister.	그 행복한 소녀는 나의 누이입니다.
The	singing	girl	is	my sister.	노래하고 있는 그 소녀는 나의 누이입니다.

연·습·문·제 9

다음의 동사에 -ing를 붙이시오.

(1)	study		(2)	live	
(3)	make		(4)	put	
(5)	walk		(6)	teach	
(7)	get		(8)	read	
(9)	swim		(10)	run	
(11)	sleep		(12)	paint	
(13)	go		(14)	stop	
(15)	come		(16)	invite	
(17)	look		(18)	arrive	

(19)	wait		(20)	die	
(21)	óp-en		(22)	be-gín	
(23)	tie		(24)	meet	
(25)	preférly		(26)	remémber	
(27)	admít		(28)	vísit	
(29)	lie		(30)	refér	
(31)	can		(32)	sit	
(33)	picnic		(34)	lack	

연·습·문·제 10

아래의 우리말을 영어로 말하시오.

(1-a)	춤추고 있는		* dance
(1-b)	춤추고 있는 그 소녀		
(1-c)	춤추고 있다		
(2-a)	날고 있는		* fly
(2-b)	날고 있는 그 벌들		* bee 벌
(2-c)	날고 있다		
(3-a)	자고 있는		* sleep
(3-b)	자고 있는 그 아기		* baby
(3-c)	자고 있다		

(4-a)	시들고 있는		* fade
(4-b)	시들고 있는 그 꽃		* flower
(4-c)	시들고 있다		
(5-a)	떨어지고 있는		* fall
(5-b)	떨어지고 있는 그 잎들		* leaves
(5-c)	떨어지고 있다		
(6-a)	죽어가고 있는		* die
(6-b)	죽고 있는 그 나무들		* trees
(6-c)	죽어가고 있다		

현재와 현재진행   05

다음의 문장을 눈여겨보아라.

(1-ㄱ) 제인은 날마다 피아노를 친다.
(1-ㄴ) 제인은 지금 피아노를 치고 있다. } 의 비교

| (1-ㄱ)= | Jane | | plays | the piano every day. |
| (1-ㄴ)= | Jane | is | playing | the piano now. |

- is + -ing를 <현재진행>이라 부른다.
  <~하고 있다, 또는 ~하고 있는 중이다>를 현재진행형이라 부른다.

보기) 가고 있다, 또는 가고 있는 중이다 / 먹고 있다, 또는 먹고 있는 중이다

주어가 복수이면 is 대신에 are를 사용해야 한다.

(2-ㄱ) 그 소년 은 지금 텔레비전을 보고 있다.
(2-ㄴ) 그 소년들은 지금 텔레비전을 보고 있다. } 의 비교

| (2-ㄱ)= | The boy (단수) | is | watching | TV now. |
| (2-ㄴ)= | The boys (복수) | are | watching | TV now. |

주어가 I이면 is, are를 사용하지 않고 am을 사용해야 한다.
다음 문장에서 is, are, am에 유의하라.

(3-ㄱ)	그 소녀 는	지금	편지를	쓰고 있다.
(3-ㄴ)	그 소녀들은	지금	편지를	쓰고 있다.
(3-ㄷ)	나는	지금	편지를	쓰고 있다.

	주어	동사	목적어
(3-ㄱ)=	The girl	is	writing	a letter (now).
(3-ㄴ)=	The girls	are	writing	a letter (now).
(3-ㄷ)=	I	am	writing	a letter (now).

(a)	톰과 제인은	지금	휴식을 취하고 있다. = 쉬고 있다.
(b)	우리들은	지금	휴식을 취하고 있다. = 쉬고 있다.
(c)	그들은	지금	휴식을 취하고 있다. = 쉬고 있다.

	주어 (복수임)	동사	목적어	
(a)=	Tom and Jane	are taking	a rest	now.
(b)=	We	are taking	a rest	now.
(c)=	They	are taking	a rest	now.

* rest 휴식   * take (a rest) (휴식을) 취하다.

※ take a rest = have a rest

연·습·문·제 11

다음 우리말을 영어로 말하시오.

(1-a) 춤추고 있는 그 소녀
(1-b) 그 소녀는 지금 춤을 추고 있다.
(1-c) 그 소녀는 춤을 매우 아름답게(beautifully) 춘다.
(1-d) 그 소녀는 춤을 매우 아름답게 추었다.
(2-a) 솟아오르고 있는 태양 (sun에는 the를 붙인다.)
(2-b) 태양이 솟아오르고 있다.
(2-c) 내일은 해가 7시에 뜬다. (rise - rose)
(2-d) 어제는 태양이 7시에 떴다.

(3-a) 날고 있는 그 새들
(3-b) 그 새들이 하늘 높이 날고 있다. (하늘 높이 = high up in the sky)
(3-c) 그 새들은 가을에는 하늘 높이 난다.
(4-a) 시들고 있는 그 꽃들
(4-b) 그 꽃들은 시들고 있다.
(5-a) 울고 있는 그 아기 (baby)
(5-b) 그 아기는 울고 있다.
(5-c) 그 아기들은 울고 있다.

(6-a) 지고 있는 태양
(6-b) 태양이 수평선 아래로 (below the horizon) 지고 있다.
(6-c) 오늘은 태양이 7시에 진다.
(7-a) 떨어지고 있는 나뭇잎들
(7-b) 그 나뭇잎들이 떨어지고 있다.
(8-a) 살랑거리는 나뭇잎들 (tremble)
(8-b) 그 나뭇잎들은 미풍에(in the breeze) 살랑거리고 있다.
(9-a) 꺼져가고 있는 (죽어가고 있는) 그 불(fire)
(9-b) 그 불은 꺼져가고 있다.

 과거진행 (was ~ing)   06

is -ing 『~하고 있는 중이다』 (was -ing 『~하고 있는 중이었다, 또는 ~하고 있었다』)

(4-ㄱ) 톰은 지금 테니스를 치고 있다.
(4-ㄴ) 톰은 그때 테니스를 치고 있었다.   } 의 비교

| (4-ㄱ)= | Tom | is | playing | tennis | now. |
| (4-ㄴ)= | Tom | was | playing | tennis | then. |

(5-ㄱ) 나는 지금 영어를 공부하고 있다.
(5-ㄴ) 나는 그때 영어를 공부하고 있었다.   } 의 비교

| (5-ㄱ)= | I | am | studying | English | now. |
| (5-ㄴ)= | I | was | studying | English | then. |

주어가 복수이거나 you이면 was 대신에 were를 사용해야 한다.

(6-ㄱ) 그 소년들은 지금 영어를 공부하고 있다.
(6-ㄴ) 그 소년들은 그때 영어를 공부하고 있었다. } 의 비교

| (6-ㄱ)= | The boys are studying English now. |
| (6-ㄴ)= | The boys were studying English then. |

『~하고 있냐?』『~하고 있었느냐?』라고 하려면 be동사 (is, am, are, was, were)를 주어의 앞에 사용하면 된다. 다음 문장을 눈여겨보아라.

(7-ㄱ) 그 소년은 라디오에 귀를 기울이고 있다.
(7-ㄴ) 그 소년은 라디오에 귀를 기울이고 있냐?

(7-ㄱ)   The boy is listening to the radio.
(7-ㄴ)   Is the boy listening to the radio?

(8-ㄱ) 제인은 그때 텔레비전을 보고 있었다.
(8-ㄴ) 제인은 그때 텔레비전을 보고 있었느냐?

(8-ㄱ)=   Jane was watching TV then.
(8-ㄴ)=   Was Jane watching TV then?

『~하고 있지 않다』 = is (am, are) not ~ing
『~하고 있지 않았다』 = was (were) not ~ing

(9-ㄱ) 그 어린이는 울고 있다.
(9-ㄴ) 그 어린이는 울고 있지 않다. } 의 비교

| (9-ㄱ)= | The child | is | crying. |
| (9-ㄴ)= | The child | is not | crying. |

She	was not	crying.	그녀는 울고 있지 않았다.
They	are not	crying.	그들은 울고 있지 않다.
They	were not	crying.	그들은 울고 있지 않았다.

PREMIUM 1. take에 대한 공부

1) **Take** a walk every day. 매일 산책해라. (= Go for a walk ~).
2) I **took** his advice. 나는 그이의 충고를 받아들였다.
3) **Take** your umbrella. 우산을 가지고 가라.
4) He **took** me by the hand. 그는 나의 손을 잡았다.
5) I **took** a gift from Tom. 나는 톰한테 선물을 받았다.

위의 문장에 있는 take와 took의 뜻 : 1) ~을 가져라 2) ~받아들였다 3) ~을 가지고 가라
　　　　　　　　　　　　　　　　　4) ~을 잡았다 5) ~를 받았다

* walk 산책　　* advice 충고　　* umbrella 우산　　* hand 손　　* gift 선물
* from ~로 부터

연·습·문·제 12

다음 문장을 부정문으로 고치시오.

(1) Tom is listening to the radio.
(2) Tom listens to the radio every morning.
(3) Tom listened to the radio just now.
(4) Tom was listening to the radio then.
(5) Tom was in the library.
(6) There are many children in the garden.
(7) Let's play tennis.
(8) Be kind to strangers.   * stranger [stréindʒər] 낯선 사람
(9) Come in.
(10) She made a lot of money last year.   * make money 돈을 벌다

※ 의문문과 부정문에서는 **a lot of**를 사용하지 않는다. **much**나 **many**를 사용해야 한다.

연·습·문·제 13

다음 문장을 의문문으로 고치시오.

(1) Jane is doing her homework now.
(2) Jane was doing her homework then.
(3) Jane does her homework after supper.
(4) Jane did her homework in the library.
5) There are a lot of trees along the road.
(6) Tom is under the tree.
(7) The students are getting out of the bus.   * get out of (탈것에서) 내리다
(8) Tom looked for the key.   * look for ~을 찾아보다
(9) Susan studies English very hard.
(10) Ted loves his grandfather very much.

연·습·문·제 14

다음의 우리말을 영어로 말하시오.

(1-a) 그녀는 지금 자기의 어머니를 기다리고 있다.
(1-b) 그녀는 자기의 어머니를 기다리고 있냐?
(1-c) 그녀는 누구를 기다리고 있냐?
(1-d) 그녀는 자기의 어머니를 기다렸다.
(1-e) 그녀는 자기의 어머니를 기다렸느냐?
(1-f) 그녀는 누구를 기다렸느냐?
(1-g) 그녀는 얼마동안 자기의 어머니를 기다렸느냐?

(2-a) 나는 나의 시계를 찾고 있다. (찾아보다 = look for)
(2-b) 너는 무엇을 찾고 있냐?
(2-c) 나는 그 카메라를 찾아보았다. 그러나 발견하지 못했다. (find)
(2-d) 나는 그 카메라를 찾아보지 않았다.
(2-e) 너는 그 카메라를 찾아보았느냐?
(2-f) 너는 무엇을 찾아보았느냐?
(2-g) 누가 그 카메라를 찾고 있느냐?
(2-h) 나는 그때 그 카메라를 찾고 있었다.

(3-a) 그 소년들은 공원에서 놀고 있다.
(3-b) 그 소년들은 그때 공원에서 놀고 있었다.
(3-c) 그 소년들은 그 공원에서 놀았다.
(3-d) 그 소년들은 공원에서 놀고 있느냐?
(3-e) 그 소년들은 어디서 놀고 있느냐?
(3-f) 그 소년들은 어디에서 놀았느냐?
(3-g) 그 소년들은 무엇을 하고 있느냐?
(3-h) 그 소년들은 무엇을 했느냐 ?

아래의 작문에 자신이 없으면 53쪽 PREMIUM 1을 본 후 작문할 것

(4) 그들은 지금 휴식하고 있다.   * rest 휴식
(5) 날마다 산책하시오.   * walk 산책
(6) 나는 동아일보(Dong-A Ilbo)를 구독합니다.
(7) 우산을 가지고 가라.   * umbrella 우산
(8) 그녀는 나의 충고를 받아들였다. (took)   * advice 충고
(9) 나는 그이로부터 선물을 받았다.   * gift 선물
(10) 그는 나의 옷소매(sleeve)를 잡았다. (take A by the ~)

예정을 나타내는 is -ing   07

is -ing를 『~할 예정이다』라고 해석하는 경우도 있다. 미래를 나타내는 말이 있으면 예정을 나타낸다. 다음 문장에서 now와 tomorrow를 눈여겨보아라.

(10-ㄱ) 나의 아버지는 지금 부산에 가고 있다.
(10-ㄴ) 나의 아버지는 내일 부산에 갈 예정이다.

(10-ㄱ)= My father   is going   to Busan   now.

(10-ㄴ)= My father   is going   to Busan   tomorrow.

• 똑 같은 is going을 다르게 해석할 수밖에 없는 것은 그 뒤에 오는 때를 나타내는 말과 맞추어야 하기 때문이다.

(11-ㄱ) = 나는 지금 한국을 떠나고 있다.
(11-ㄴ) = 나는 다음 주 한국을 떠날 예정이다.

(11-ㄱ)   I   am leaving   Korea   now.

(11-ㄴ)   I   am leaving   Korea   next week.

• 특히 <온다, 간다, 도착한다, 떠난다>는 뜻을 가진 동사가 is -ing의 형태를 취하면 예정을 나타내는 경향이 있다.

is -ing로 할 수 없는 동사

	[A] 틀린 문장 (진행형이 없다)	[B] 옳은 문장
(1)	나는 너를 알고 있는 중이다.	나는 너를 안다 (know).
(2)	우리는 두 눈을 가지고 있는 중이다.	우리는 두 눈을 가지고 있다 (have).
(3)	제주도는 한국에 속해 있는 중이다.	제주도는 한국에 속해 있다 (belong).
(4)	나는 사과를 좋아하고 있는 중이다.	나는 사과를 좋아한다 (like).
(5)	나는 내 나라를 사랑하고 있는 중이다.	나는 내 나라를 사랑한다 (love).

※ 즉, know, have(가지고 있다), belong, like, love는 진행형으로 할 수 없다.

예문을 보자.

(12-ㄱ) 나는 너의 전화번호를 안다. (O) (현재)
(12-ㄴ) 나는 너의 전화번호를 알고 있는 중이다. (×) (현재진행)

| (12-ㄱ)= | I | | know | your telephone number. | (옳은 말) |
| (12-ㄴ)= | I | am | knowing | your telephone number. | (틀린 말) |

※ 『~하고 있는 중이다』라고 할 수 없는 말은 is -ing로 할 수 없다.

그러므로 다음의 말은 틀린 말이다.

• 사랑하고 있는 중이다 (×) ➡ 사랑한다 (옳은 말)
• 원하고 있는 중이다 (×) ➡ 원한다 (옳은 말)

또 예문을 보자.

(13-ㄱ) 나는 너를 좋아한다. (옳은 말)
(13-ㄴ) 나는 너를 좋아하고 있는 중이다. (틀린 말)

(13-ㄱ)=	I		like	you.	(옳은 말)
(13-ㄴ)=	I	am	liking	you.	(틀린 말)

(14-ㄱ) 그 건물은 우리 학교 앞에 서 있다. (옳은 말)
(14-ㄴ) 그 건물은 우리 학교 앞에 서 있는 중이다. (틀린 말)
(14-ㄷ) 톰은 우리 학교 앞에 서 있는 중이다. (옳은 말)

(14-ㄱ)=	The building		stands	in front of our school. (○)
(14-ㄴ)=	The building	is	standing	in front of our school. (×)
(14-ㄷ)=	Tom	is	standing	in front of our school. (○)

PREMIUM 2. have 동사를 이렇게도 사용해요.

1) I am having a walk.　　　　난 산책중입니다.
2) We are having a picnic.　　우린 소풍을 즐기고 있어요.
3) We are having a game.　　 우린 게임하고 있어요.
4) I am having a bath.　　　　나는 목욕하고 있어요.
5) I am having a rest.　　　　 나는 휴식하고 있어요.

* picnic 소풍　　* game 경기, 시합, 놀이　　* bath 목욕

is -ing에서 is를 빼면   09

is -ing에서 is를 빼면 뜻이 어떻게 변하는지 눈여겨보아라.

(16-ㄱ) 그 소년은 대문에 서 있다.
(16-ㄴ) 대문에 서 있는 그 소년.

(16-ㄱ)=	The boy	is	standing	at the gate.
(16-ㄴ)=	the boy		standing	at the gate

(17-ㄱ)   그 소년은 나의 동생이다. ⎫ 의 비교
(17-ㄴ) 대문에 서 있는 그 소년은 나의 동생이다. ⎭

(17-ㄱ)=	The boy	is	my younger brother.
(17-ㄴ)=	The boy standing at the gate (16-ㄴ)	is	my younger brother.

또 (16-ㄴ)을 아래와 같이 이용할 수 있다.

(18-ㄱ) 너는   그 소년을 아느냐? ⎫ 의 비교
(18-ㄴ) 너는 대문에 서있는 그 소년을 아느냐? ⎭
               (16-ㄴ)

(18-ㄱ)=	Do you know	the boy ?
(18-ㄴ)=	Do you know	the boy standing at the gate? (16-ㄴ)

(19-ㄱ) 그 선생님은 너의 그림을 보고 있다.
(19-ㄴ) 너의 그림을 보고 있는 그 선생님

(19-ㄱ)=	The teacher	is	looking	at your picture.
(19-ㄴ)=	the teacher		looking	at your picture

아래 (20-ㄴ)에는 (19-ㄴ)이 포함되어 있다.

(20-ㄱ)　　　　　　　그 선생님은 영어를 매우 잘 가르친다. ⎫
(20-ㄴ) 너의 그림을 보고 있는 그 선생님은 영어를 매우 잘 가르친다. ⎬ 의 비교
　　　　　　(19-ㄴ)　　　　　　　　　　　　　　　　　　　⎭

(20-ㄱ)=	The teacher	teaches English very well.
(20-ㄴ)=	The teacher looking at your picture (19-ㄴ)	teaches English very well.

아래의 문장 (21-ㄱ)은 (1)권 209쪽에 있는 (17-ㄴ)에서 배운 문장이다. 이러한 문장에서도 is를 빼면 뜻이 어떻게 변하는지 눈여겨보아라. (21-ㄱ)에 속하는 문장을 잊은 학생은 (1)권 209쪽, 210쪽, 211쪽을 복습해야 한다.

(21-ㄱ) 그 개는 탁자 밑에 있다.
(21-ㄴ) 탁자 밑에 있는 그 개

(21-ㄱ)=	The dog	is	under the table.
(21-ㄴ)=	the dog		under the table

아래의 문장 (22-ㄴ)은 (21-ㄴ)을 이용한 문장이다.

(22-ㄱ)   그 개는 영리하다.
(22-ㄴ) 탁자 밑에 있는 그 개는 영리하다.
                (21-ㄴ)

(22-ㄱ)=	The dog	is	clever.
(22-ㄴ)=	The dog under the table (21-ㄴ)	is	clever.

(23-ㄱ) 그 소년은 너의 집 앞에 있다. ⎫
(23-ㄴ) 너의 집 앞에 있는 그 소년   ⎬ 의 비교
                                    ⎭

(23-ㄱ)=	The boy	is	in front of your house.
(23-ㄴ)=	the boy		in front of your house

(24-ㄴ)은 (23-ㄴ)을 이용한 문장이다.

(24-ㄱ)   그 소년은 자기의 어머니를 기다리고 있다. ⎫
(24-ㄴ) 너의 집 앞에 있는 그 소년은 자기의 어머니를 기다리고 있다. ⎬ 의 비교
            (23-ㄴ)   ⎭

(24-ㄱ)=	The boy	is waiting for his mother.
(24-ㄴ)=	The boy in front of your house (23-ㄴ)	is waiting for his mother.

(23-ㄴ)을 다음과 같이 이용할 수도 있다.

(25-ㄱ)   그 소년을 도와줍시다.
(25-ㄴ) 너의 집 앞에 있는 그 소년을 도와줍시다.

(25-ㄱ)=	Let's help	the boy.
(25-ㄴ)=	Let's help	the boy in front of your house. (23-ㄴ)

아래의 (26)번 우리말을 영어로 말하려면 아래에 있는 (ㄱ) (ㄴ) (ㄷ) (ㄹ) (ㅁ)을 영어로 말할 수 있어야 한다. (ㄱ)을 알고 있으면 (ㄴ)은 누워서 떡 먹기요 (ㄷ)을 알고 있으면 (ㄹ)은 땅 짚고 헤엄치기다. 여기에다 (ㅁ)을 알고 있으면 (26)이 가능하다.

(26) 피아노를 치고 있는 그 처녀는 그 나무 밑에 있는 예술가를 좋아한다.

(ㄱ) 그 처녀는 피아노를 치고 있다.
(ㄴ) 피아노를 치고 있는 그 처녀
(ㄷ) 그 미술가는 나무 밑에 있다.
(ㄹ) 나무 밑에 있는 그 예술가
(ㅁ) A는 B를 좋아한다. ※ 여기서는 A= (ㄴ)이고 B= (ㄹ)이다.

(ㄱ)= The girl is playing the piano.
(ㄴ)= The girl   playing the piano
(ㄷ)= The artist is under the tree.   * artist [ɑ́:tist] 예술가
(ㄹ)= the artist   under the tree
(ㅁ)= A likes B. ※ A= (ㄴ) 이고 B= (ㄹ)이다. 그러므로,
(26)= The girl playing the piano likes the artist under the tree.
              (ㄴ)   (ㄹ)

다음 문장(27)을 영어로 말하려면 (ㄱ)부터 (ㅇ)까지 알고 있어야 한다.

(27) 정원에서 일하고있는 그 농부는 정원의 한가운데에 있는 우물가에 서있는 그 정원사를 가끔 만난다.

(ㄱ) 그 농부는 정원에서 일하고 있다.
(ㄴ) 정원에서 일하고 있는 그 농부
(ㄷ) 그 우물은 정원의 한가운데에 있다.
(ㄹ) 정원의 한가운데에 있는 그 우물
(ㅁ) 그 정원사는 우물가에 서 있다.
(ㅂ) 우물가에 서 있는 그 정원사
(ㅅ) 정원의 한가운데에 있는 우물가에 서 있는 그 정원사
(ㅇ) A는 B를 가끔 만난다. (A sometimes meets B.)
 ※ 위의 문장에서 A= (ㄴ)이고 B= (ㅅ)이다.

앞쪽에 있는 우리말 (ㄱ)부터 (ㅇ)까지를 아래와 같이 영작할 수 있다.
(ㄱ)= The farmer is working in the garden.
(ㄴ)= the farmer   working in the garden
(ㄷ)= The well is in the middle of the garden.
(ㄹ)= the well   in the middle of the garden.
(ㅁ)= The gardener is standing by the well.   * gardener 정원사
(ㅂ)= the gardener   standing by the well   * well 우물
(ㅅ)= the gardener   standing by the well in the middle of the garden
(ㅇ)= A sometimes meets B. ※ 그러므로
(27)= The farmer working in the garden sometimes meets
            A= (ㄴ)
       the gardener standing by the well in the middle of the garden.
            B= (ㅅ)

연·습·문·제 15

다음 문장 중에서 옳은 것에는 ○표 하시오.

(1) The farmer is having three sons.
(2) The farmer is having a bath now.
(3) The farmer is having a rest now.
(4) The farmer is having a smoke now.
(5) I am loving you.
(6) Tom is standing at the gate.
(7) The house is standing on the hill.
(8) She is knowing all the students in the room.
(9) Tom is looking for his watch.   * look for ~를 찾아보다
(10) Tom is liking dogs.
(11) My uncle is wanting a car.
(12) My uncle is working in the garden now.
(13) Jeju-do is belonging to Korea. (제주도는 한국에 속해 있다.)
(14) Jane is resembling her mother. (제인은 자기의 어머니를 닮아가고 있다.)
(15) The earth is moving around the sun. (지구는 태양을 돈다.)
(16) The dog is dying now.
(17) The boy is watching TV every day.
(18) The boy watches TV every day.
(19) The boy is watching TV now.
(20) My uncle lives in Busan, and he is living in Seoul on business.
(21) We are seeing with our eyes. (우리는 눈으로 본다.)
(22) The sun is rising in the east and is setting in the west.
(23) Look! The sun is rising above the horizon.   * horizon 지평선, 수평선
     <보라! 태양이 지평선 상에 떠오르고 있다.>

* belong to -에 속하다   * resemble 닮다   * move [mu:v] 움직이다, 이사하다, 감동시키다
* on business 사업차, 사업상의 일로   * east 동쪽   * in the east 동쪽에(서)   * west 서쪽

연·습·문·제 16

다음 문장을 해석하시오.

(1-a) The girl is washing the dishes.
(1-b) the girl   washing the dishes
(1-c) The girl   washing the dishes is proud of her mother.

(2-a) The doctor is operating on my uncle.   * operate on 수술하다
(2-b) the doctor   operating on my uncle
(2-c) The doctor   operating on my uncle helps many students.

(3-a) The talent is waiting for you in the opera house.
(3-b) the talent   waiting for you in the opera house
(3-c) The talent   waiting for you in the opera house is my son.

(4-a) The students are at the back of your house.
(4-b) the students   at the back of your house
(4-c) The students   at the back of your house are my friends.

(5-a) The car is at the gate.
(5-b) the car   at the gate
(5-c) The car   at the gate is my father's.

(6-a) The boy standing at the gate is waiting for his father.
(6-b) The boy swimming in the swimming pool is my brother.
(6-c) The baby sleeping in the cradle has a cold.　* cold 감기
(6-d) The children playing hide-and-seek in the garden at the back of the house like the farmer at the gate.

(7) They are having a walk now.
(8) I am having a rest now.
(9) We are having a game now.
(10) We had a picnic yesterday.
(11) I am having a bath now.

* swimming pool 수영장　　* cradle 요람　　* play hide-and-seek 숨바꼭질하다

연·습·문·제 17

다음 각 쌍의 문장에서 옳은 것은 어느 것인가?

(1) ⓐ What is Tom doing ?
　　ⓑ What does Tom is doing ?

(2) ⓐ My sister is studiing English.
　　ⓑ My sister is studying English.

(3) ⓐ We have only one life.　* life [laif] 목숨, 생명
　　ⓑ We are having only one life.　* only one life 오직 하나의 목숨

(4) ⓐ I am not looking at your picture.
　　ⓑ I do not looking at your picture.

(5) ⓐ The boys was swimming in the swimming pool.
　　ⓑ The boys were swimming in the swimming pool.

(6) ⓐ Jane is visiting her uncle now.
　　ⓑ Jane is visitting her uncle now.

(7) ⓐ Tom is opening the windows.
　　ⓑ Tom is openning the windows.

(8) ⓐ My house is standing on the riverside.　* riverside 강변
　　ⓑ My house stands on the riverside.

(9) ⓐ Jane has a bath now.　* have a bath 목욕하다
　　ⓑ Jane is having a bath now.

(10) ⓐ I like you.
　　 ⓑ I am liking you.

(11) ⓐ I am loving you.
　　 ⓑ I love you.

연·습·문·제 18

다음의 우리말을 영어로 말하시오.

(1-a) 잠자고 있는 그 어린이   * child 어린이
(1-b) 그 어린이는 침대에서 잠자고 있다.
(1-c) 침대에서 잠자고 있는 그 어린이
(1-d) 침대에서 자고 있는 그 어린이는 다섯 살이다.
(1-e) 침대에서 자고 있는 그 어린이를 깨우지 마라.
(2-a) 그 학생은 라디오를 듣고 있다.
(2-b) 라디오를 듣고 있는 그 학생
(2-c) 라디오를 듣고 있는 그 학생은 음악에 흥미가 있다.
(2-d) 나는 라디오를 듣고 있는 그 학생을 이따금 만난다.

(3-a) 그 큰 개는 대문에 있다.
(3-b) 대문에 있는 그 큰 개
(3-c) 대문에 있는 그 큰 개는 매우 영리하다.
(3-d) 나는 대문에 있는 그 큰 개가 무서워요. **(be afraid of, be scary of)**
(3-e) 대문에 있는 그 큰 개는 나의 것이다.
(3-f) 나는 대문에 있는 그 큰 개를 좋아한다.

(4-a) 그 아이들(children)은 수영장에서 수영하고 있다.
(4-b) 수영장에서 수영하고 있는 그 아이들
(4-c) 그 수영장은 저쪽(over there)에 있다.
(4-d) 저쪽에 있는 수영장 (swimming pool)
(4-e) 저쪽에 있는 수영장에서 수영하고 있는 그 아이들은 이 근처에서 살고 있다.
(4-f) 저쪽에 있는 수영장에서 수영하고 있는 어린이들은 나를 좋아한다.

(5-a) 그 학생은 나무 밑에서 책을 읽고 있다.
(5-b) 나무 밑에서 책을 읽고 있는 그 학생
(5-c) 그 나무는 우물가에 있다.
(5-d) 우물가에 있는 그 나무
(5-e) 우물가에 있는 나무 밑에서 책을 읽고 있는 그 학생은 나의 동생이다.
(5-f) 나는 우물가에 있는 나무 밑에서 책을 읽고 있는 그 학생을 매우 잘 안다.

PREMIUM 3. get도 다양하게 사용됩니다.

1) Jane got the prize.   제인이 그 상을 탔다.
2) I did not get you.   나는 네 말을 이해 못했어.
3) I got a letter from him.   그이로부터 편지를 받았다.
4) I got my end.   나는 목적을 이루었어요.
5) Get me that book.   저 책을 나에게 가져다 주세요.

* **prize** 상   * **letter** 편지   * **end** 목적   * **get**의 과거는 **got**

LESSON 3

LESSON 3

I can read this book

 01. 단어 외우기

철자	발음기호	뜻	철자	발음기호	뜻
will	[wil]	~할 것이다	false	[fɔːls]	그릇된, 가짜의
must	[mʌst]	~ 해야한다	alive	[əláiv]	살아있는
can	[kæn]	~할 수 있다	engineer	[endʒiníər]	기사, 기술자
may	[mei]	~할지도 모른다	at once	[ætwʌns]	즉시, 당장
should	[ʃud]	~해야한다	ticket	[tíkit]	표, 입장권
clean	[kliːn]	청소하다	concert	[kánsərt]	음악회, 협조
use	[juːz]	사용하다, 이용하다	Canada	[kǽnədə]	캐나다
bank	[bæŋk]	은행, 둑	repair	[ripɛ́ər]	수리하다(=fix)
hate	[heit]	미워하다	absent	[ǽbsənt]	결석한
plan	[plæn]	계획(하다)	headache	[hédeik]	두통
face	[feis]	얼굴	professor	[prəfésər]	교수
smoke	[smouk]	담배피우다, 연기	test	[test]	시험, 테스트
pen	[pen]	펜	movie	[múːvi]	영화
return	[ritə́ːrn]	돌아가다, 반환하다	practice	[prǽktis]	연습(하다)
cold	[kould]	(1)추운 (2)감기	apartment	[əpáːrtmənt]	아파트
subway	[sʌ́bwei]	지하철	foreigner	[fɔ́(ː)rinər]	외국인
duty	[djúːti]	의무	consult	[kənsʌ́lt]	(조언을)구하다

will, can, must, may 02

will, can, must, may, should 등을 조동사라 부른다. 조동사가 무슨 역할을 하는지 눈여겨보아라.

(A)

조동사	본동사	뜻
will	help	도와줄 것이다
can	help	도와줄 수 있다
may	help	(1) 도와줄지도 모른다 (불확실한 추측)
may	help	(2) 도와주어도 된다 (허가)
must	help	도와주어야 한다 (의무, 필요, 강제)
should	help	도와주어야 한다 (권장)

• It may rain. 비가 올지도 모른다.   * rain 비가 오다

(B)

조동사	본동사	뜻
will	go	갈 것이다
can	go	갈 수 있다
may	go	(1) 갈지도 모른다 (불확실한 추측)
may	go	(2) 가도 된다 (허가)
must	go	가야한다 (의무, 필요, 강제)
should	go	가야한다 (권장)

(C)

조동사	본동사	뜻
will	buy	살 것이다
can	buy	살 수 있다
may	buy	살지도 모른다 (불확실한 추측)
may	buy	사도 된다(허가)
must	buy	사야한다
should	buy	사야한다

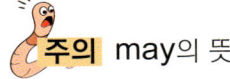 **may의 뜻**

① ~해도 된다 : You may go. <너 가도 된다.>
② ~할지도 모른다 : He may die. <그는 죽을지도 모른다.>

주의 『부모의 말씀에 순종해야 한다』에서 <순종해야 한다>는 『should + 순종하다』로 나타내고 선생님이 어떤 학생에게 벌주기 위하여 『너 오늘 청소해야 한다』라고 말할 경우에는 <청소해야 한다>를 『must + 청소하다』로 나타낸다.

즉, must는 명령적, 강제적인 색채를 띠고 있다. should는 명령하거나 강압적으로 하는 말이 아니라 권고하는 뜻이 있다. 말하자면 <~하는 것이 옳으니까 그렇게 해야 한다>는 의미를 가지고 있다.

Bonus   knife (칼)에 대하여

utility	knife	만능 칼	long	knife	긴 칼
fish	knife	생선용 칼	small	knife	작은 칼
butcher('s)	knife	푸주에서 쓰는 칼	steel	knife	강철 칼
kitchen	knife	부엌칼	electric	knife	전동 칼
blunt	knife	무딘 칼	table	knife	식탁용 칼
sharp	knife	날카로운 칼	pocket	knife	주머니 칼
five-inch	knife	5인치 칼	hunting	knife	수렵용 칼
paring	knife	과도(果刀)	rusty	knife	녹슨 칼

연·습·문·제 19

다음의 우리말을 영어로 말하시오.

(1-a) 배울 것이다.
(1-b) 배울 수 있다
(1-c) 배워도 된다
(1-d) 배울지도 모른다
(1-e) 배워야 한다 (의무)
(1-f) 배워야 한다 (권장)

(2-a) 수선할 것이다   * fix 수선
(2-b) 수선할 수 있다
(2-c) 수선해도 된다
(2-d) 수선할지도 모른다
(2-e) 수선해야 한다 (명령)
(2-f) 수선해야 한다 (권장)

(3-a) 청소할 것이다
(3-b) 청소할 수 있다
(3-c) 청소해도 된다
(3-d) 청소할지도 모른다
(3-e) 청소해야 한다 (강제)
(3-f) 청소해야 한다 (권장)

(4-a) 가르쳐야 한다 (권장)
(4-b) 가르칠지도 모른다
(4-c) 가르칠 것이다
(4-d) 가르칠 수 있다
(4-e) 가르쳐도 된다
(4-f) 가르쳐야 한다 (의무)

조동사의 활용   03

아래의 3가지 문장을 눈여겨보아라.

(1-ㄱ)	He		goes	to Seoul by subway	every day.
(1-ㄴ)	He		went	to Seoul by subway	yesterday.
(1-ㄷ)	He	will	go	to Seoul by subway	tomorrow.

(1-ㄱ)= 그는 날마다 전철로 서울에 간다.
(1-ㄴ)= 그는 어제 전철로 서울에 갔다.
(1-ㄷ)= 그는 내일 전철로 서울에 갈 것이다.

다음의 문장을 눈여겨보아라.

(1-ㄹ)	He	can	go	to Seoul tomorrow.
(1-ㅁ)	He	may	go	to Seoul tomorrow.
(1-ㅂ)	He	must	go	to Seoul tomorrow.
(1-ㅅ)	He	should	go	to Seoul tomorrow.

(1-ㄹ)= 그는 내일 서울에 갈 수 있다.
(1-ㅁ)= 그는 내일 서울에 갈지도 모른다.
(1-ㅂ)= 그는 내일 서울에 가야 한다. (필요)
(1-ㅅ)= 그는 내일 서울에 가야 한다. (권장)

 **주의** will, can, may, must, should에는 -s를 붙이지 않는다. 다시 말하면 조동사의 뒤에는 동사의 원형을 사용해야 한다. 아래의 문장은 (ㅁ)과 (ㅊ)을 제외하고는 모두 틀린 문장이다.

(ㄱ)	He	will**s**	go	to Seoul tomorrow. (×)
(ㄴ)	He	will	go**es**	to Seoul tomorrow. (×)
(ㄷ)	He	will	went	to Seoul tomorrow. (×)
(ㄹ)	He	will	go**ing**	to Seoul tomorrow. (×)
(ㅁ)	He	will	go	to Seoul tomorrow. (○)

goes, went, going 등은 원형이 아니다. **go**가 원형이다. 또 예를 들면 <좋아한다>의 원형은 **like**이다. likes, liked, liking은 원형이 아니다.
다음의 표를 눈여겨보세요.

(ㅂ)	He	can**s**	go	to Seoul tomorrow. (×)
(ㅅ)	He	can	go**es**	to Seoul tomorrow. (×)
(ㅇ)	He	can	went	to Seoul tomorrow. (×)
(ㅈ)	He	can	go**ing**	to Seoul tomorrow. (×)
(ㅊ)	He	can	go	to Seoul tomorrow. (○)

의문문   04

조동사를 주어의 앞에 놓으면 의문문이 된다.

(2-ㄱ) 제인은 피아노를 칠 수 있다.
(2-ㄴ) 제인은 피아노를 칠 수 있냐? } 의 비교

　(2-ㄱ)=　　　Jane　can　play the piano.
　(2-ㄴ)=　Can　Jane　　　play the piano?

조동사가 있는 의문문을 한 군데 모아 놓았으니 익히기 바란다.

	조동사	주어	조동사	본동사	
(3)		Tom	will	go	there.
(4)		Tom	must	go	there.
(5)		Tom	should	go	there.
(6)		You	may	go	there.

(3)의 의문문	Will	Tom		go	there?
(4)의 의문문	Must	Tom		go	there?
(5)의 의문문	Should	Tom		go	there?
(6)의 의문문	May	I		go	there?

(3) 톰은 그곳에 갈 것이다.　　(3)의 의문문 : 톰은 그곳에 갈까요?
(4) 톰은 그곳에 가야 한다.　　(4)의 의문문 : 톰은 그곳에 가야 합니까?
(5) 톰은 그곳에 가야 한다.　　(5)의 의문문 : 톰은 그곳에 가야 합니까?
(6) 너는 그곳에 가도 된다.　　(6)의 의문문 : 나는 그곳에 가도 됩니까?

 ## 부정문　　　　　　　　　　　　　　　　05

조동사 뒤에 **not**을 사용하면 부정문이 된다. **do not, does**를 사용하지 않는다.

(7-ㄱ) 나는 영어를 말할 수 있다.　⎫
(7-ㄴ) 나는 영어를 말할 수 없다.　⎭ 의 비교

(7-ㄱ)=	I	can	speak English.
(7-ㄴ)=	I	can not	speak English.

다음의 문장을 눈여겨보고 익혀두기 바란다.

(8-ㄱ)	Tom	will		pass the exam.
(8-ㄴ)	Tom	will	not	pass the exam.
(9-ㄱ)	Tom	must		go to Busan.
(9-ㄴ)	Tom	must	not	go to Busan.
(10-ㄱ)	Tom	should		help her.
(10-ㄴ)	Tom	should	not	help her.

(8-ㄱ)= 톰은 그 시험에 합격할 것이다.
(8-ㄴ)= 톰은 그 시험에 합격하지 않을 것이다.
(9-ㄷ)= 톰은 부산에 가야 한다.
(9-ㄹ)= 톰은 부산에 가지 말아야 한다.
(10-ㅁ)= 톰은 그녀를 도와야 한다.
(10-ㅂ)= 톰은 그녀를 돕지 말아야 한다.

* pass the exam 그 시험에 합격하다

『조동사 + not』을 다음과 같이 줄일 수 있다.

can	not=	(1) can't [kænt] (2) cannot [kǽnɑt]	~할 수 없다
must	not=	mustn't [mʌsnt]	~하면 안 된다
should	not=	shouldn't [ʃudnt]	~하면 안 된다
may	not=	mayn't [meint]	1) ~하면 안 된다 2) ~아닐지도 모른다
will	not=	won't [wount]	~하지 않을 것이다
need	not=	needn't [ni:dnt]	~할 필요 없다

• need not의 예문 : You need not go. <자네 갈 필요 없어.>

must의 두 가지 뜻   06

must와 cannot은 두 가지 뜻을 가지고 있다.

must	(1) ~해야 한다	(2) ~임에 틀림없다
cannot	(1) ~할 수 없다	(2) ~일 리 없다

다음 문장의 뜻을 익혀두세요.

(11-ㄱ)	He		is	rich.	그는 부자입니다.
(11-ㄴ)	He	must	be	rich.	

(11-ㄴ)= ① 그는 부자가 되어야 한다.
② 그는 부자임에 틀림없다. = 그는 틀림없이 부자다.

(12-ㄱ)	He		is	a doctor.
(12-ㄴ)	He	cannot	be	a doctor.

(12-ㄱ)= 그는 의사다.
(12-ㄴ)= ① 그는 의사가 될 수 없다.
② 그는 의사일 리가 없다. = 그는 틀림없이 의사가 아니다.

조동사 뒤에는 동사의 원형을 사용해야 한다는 것을 77쪽에서 말한 바 있다.
is, are, am이 있는 문장에 조동사를 사용하면 is, are, am의 원형인 be를 사용해야 한다. 그래서 must be, cannot be 가 되는 것이다.

아래의 3 문장을 다음과 같이 영작한다.

(13-ㄱ) 그녀는 외국인이다.
(13-ㄴ) 그녀는 외국인임에 틀림없다.
(13-ㄷ) 그녀는 외국인일 리가 없다.

(13-ㄱ)=	She		is	a foreigner.
(13-ㄴ)=	She	must	be	a foreigner.
(13-ㄷ)=	She	cannot	be	a foreigner.

- <~임에 틀림없다>의 반대말은 <~일 리 없다>이다.
그러므로 (13-ㄴ)을 부정한 말은 (13-ㄷ)이다.

<가야 한다>를 부정한 말은 (ㄱ) <가면 안 된다> 라고 생각할 수도 있고 (ㄴ) <갈 필요 없다>라고 생각할 수도 있다. 그러나 정확히 말하면 <가면 안 된다>는 <가도 된다>를 부정한 말이고 <갈 필요 없다>는 <가야 한다>를 부정한 말이다.

아래의 표에 있는 말을 외워야 한다.

긍정		부정	
must go	가야 한다	need not go	갈 필요 없다
may go	가도 된다	must not go	가면 안 된다
must be	①~임에 틀림없다 ②~에 있음에 틀림없다	cannot be	①~일 리 없다 ②~에 있을 리 없다

※ cannot을 can not으로 띄어 써도 된다.

(14-ㄱ)=	You	must	go	to Seoul. <가야 한다>
(14-ㄴ)=	You	must	not go	to Seoul. <가면 안 된다>
(14-ㄷ)=	You	need	not go	to Seoul. <갈 필요 없다>
(14-ㄹ)=	You	may	go	to Seoul. <가도 된다>

(14-ㄱ)을 부정하면 (14-ㄷ)이 되고 (14-ㄹ)을 부정하면 (14-ㄴ)이 된다.

다음 A씨와 B씨의 대화를 보세요.

Mr. A : Must I put on the cap? <제가 이 모자를 써야 합니까?>
Mr. B : 긍정의 대답 : Yes, you must (put it on). <예, 써야 합니다.>
　　　　부정의 대답 : No, you need not (put it on).

* put on 입다, 신다, 쓰다.

Mr. A : May I have a smoke here? <이곳에서 담배 피워도 됩니까?>
Mr. B : 긍정의 대답 : Yes, you may. <그래, 피워도 돼>
　　　　부정의 대답 : No, you must not. <아니, 피우면 안 돼(금지)>
　　　　　　　　　　No, you may not. <아니, 피우면 안 돼 (불허가)

<~해도 됩니까?>라고 물을 경우 <안 돼>라는 대답에 must not과 may not이 있는데 may not은 허락할 수 없다는 뜻을 나타내고 must not은 금지하겠다는 뜻을 나타낸다. 다시 말하면 must not은 may not보다 강하게 거절하는 말이다.

can은 『~할 수 있다』는 뜻 외에 『~해도 된다』는 뜻도 가지고 있다. 즉, can이 may와 동일한 뜻으로 사용되는 경우도 있다.

　　[문] Can I go home now? <지금 집에 가도 됩니까?>
　　[답] Yes, you can (go home now). <그래, 가도 된다>

　　[문] Can I use this toothbrush? <이 칫솔을 사용해도 됩니까?>
　　[답] No, you must not (use it). <아니, 너 그것을 사용하면 안 돼>

put on은 아래와 같이 사용되기도 합니다.

주어	조동사	동사	옷, 모자, 신발, 앵밀. 넥타이 등	뜻
You	may	put on	the dress.	너 그 드레스 입어도 돼.
You	must	put on	your shoes.	너 너의 신발 신어야 해.
Tom		put on	the gloves.	톰은 그 장갑을 끼었다.
You	can	put on	the necktie.	너 그 넥타이 차도 돼.
You	may	put on	the stockings.	너 그 양말 신어도 돼.

연·습·문·제 20

다음 문장을 의문문으로 전환하시오.

(1) He goes to school by subway.
(2) He went to school by subway.
(3) He will go to school by subway.
(4) He must go to school on foot.
(5) He can speak English.
(6) We should help the poor.   * the poor 가난한 사람들
(7) He is an engineer.
(8) He does his duty without fail.   * duty 의무   * without fail 차질 없이
(9) He did his best.   * do his best 최선을 다하다
(10) You may take the book out of the library. (You를 I로 바꾸어 말해야 함)

* take 가지고 가다   * out of the library 도서관 밖으로

PREMIUM 4. the + 형용사

poor의 뜻은 '가난한'인데 the poor의 뜻은 '가난한 사람들'입니다.
'the + 형용사 = ~들'이 되는 경우가 있어요. 다 이렇게 되는 것은 아닙니다.

형용사	뜻	the + 형용사	뜻
rich	부유한	the rich	부자들
young	젊은	the young	젊은이들
old	늙은	the old	노인들
foolish	어리석은	the foolish	어리석은 자들
wise	현명한	the wise	현명한 자들
brave	용감한	the brave	용감한 사람들
dead	죽은	the dead	죽은 사람들

연·습·문·제 21

다음 문장을 부정문으로 전환하시오.

(1) You must meet him.
(2) She must be your mother.
(3) You may use my toothbrush.
(4) I may be late.
(5) He made many mistakes.   * make a mistake 실수하다
(6) He must be American.
(7) You may smoke here.
(8) He can teach English.
(9) She is American.
(10) There is a car in front of your house.

PREMIUM 5. 'put = ~를 놓다'

'put = ~을 놓다'입니다.
보기) I put the cup on the table. <나는 그 컵을 테이블 위에 놓았다.>
그런데 put 뒤에 오는 부사에 따라 put의 뜻이 달라집니다.

주어	동사		부사	명사 (목적어)	
We	must	put	out	the fire.	우리는 그 불을 꺼야 한다
We	must	put	down	the riot.	우리는 그 난동을 진압해야 한다.
We		put	off	the game.	우리는 게임을 연기했다.
You	must	put	by	some money.	너는 돈을 약간 저축해야 한다.
You	must	put	away	the toys.	너는 그 장난감들을 치워야 한다.

연·습·문·제 22

다음 문장을 영어로 말하시오.

(1-a) 그는 그 불쌍한 노인을 돕는다.   * the poor old man 불쌍한 노인
(1-b) 그는 그 불쌍한 노인을 도와주었다.
(1-c) 그는 그 불쌍한 노인을 도와주고 있다.
(1-d) 그는 그때 그 불쌍한 노인을 돕고 있었다.
(1-e) 그는 그 불쌍한 노인을 도와줄 것이다.
(1-f) 그는 그 불쌍한 노인을 도와줄 수 있다.
(1-g) 그는 그 불쌍한 노인을 도와줄지도 모른다.
(1-h) 그는 그 불쌍한 노인을 도와주어야 한다. (2가지로)

(2-a) 제인은 15세이다.
(2-b) 제인은 15세임에 틀림없다.
(2-c) 제인은 15세일 리가 없다.
(2-d) 제인은 15세일지도 모른다.
(2-e) 제인은 15세였다.

(3-a) 그것은 사실이다.   * true [truː] 사실인, 참된
(3-b) 그것은 사실일지도 모른다.
(3-c) 그것은 사실이 아닐지도 모른다.
(3-d) 그것은 사실임에 틀림없다.
(3-e) 그것은 사실일 리가 없다.
(3-f) 그것은 사실이었다.

(4-a) 내가 들어가도 됩니까?
(4-b) 그래, 들어가도 된다.
(4-c) 내가 이 우산을 가져가도 됩니까?   * take 가져가다
(4-d) 안 돼. 저 우산은 가져가도 된다.   * umbrella 우산

(5-a) 너는 당장 서울을 떠나야 한다. (강제)   * at once 당장
(5-b) 너는 당장 서울을 떠날 필요는 없다.
(5-c) 너는 서울을 지금 떠나면 안 된다.
(5-d) 너는 지금 당장 서울을 떠날 수는 없다.
(5-e) 그는 어제 서울을 떠났다.
(5-f) 그는 내일 서울을 떠날 것이다.

(6-a) 그는 못 믿을 친구다.   * false 못 믿을
(6-b) 그는 못 믿을 친구임에 틀림없다.
(6-c) 그는 못 믿을 친구일 리가 없다.
(6-d) 그는 못 믿을 친구일지도 모른다.

(7-a) 너는 지금 외출해도 된다.
(7-b) 너는 외출하면 안 된다.
(7-c) 너는 외출할 필요 없다.
(7-d) 그이는 외출할 것이다.
(7-e) 그이는 한 시간 전에 외출했다.

(8-a) 그 의자 밑에 고양이가 있다.
(8-b) 그 의자 밑에 고양이가 있을지도 모른다.
(8-c) 그 의자 밑에 고양이가 있음에 틀림없다.
(8-d) 그 의자 밑에 고양이가 있을 리가 없다.

(9-a) 나의 아버지는 부산에 계신다.
(9-b) 나의 아버지는 틀림없이 부산에 계신다.
(9-c) 나의 아버지는 부산에 있을 리가 없다.
(9-d) 나의 아버지는 어제 부산에 계셨다.
(9-e) 나의 아버지는 내일 부산에 있을 것이다. (will을 사용함)

아래의 작문에 자신이 없으면 85쪽 PREMIUM 5를 본 후 작문할 것

(10) 소방관들이 그 불을 끄지 못했다.   * firemen 소방관들
(11) 그들은 그 반란을 진압하지 못했다.   * rebellion 반란
(12) 우리의 소풍을 연기합시다.
(13) 그녀는 많은 돈을 저축했다.
(14) 이 의자들을 치우세요.   * chairs 의자들
(15) 가난한 사람들은 부자들을 일반적으로 싫어한다.   * dislike 싫어하다
(16) 젊은이들은 노인들을 존경해야 한다.   * respect 존경하다
(17) 어리석은 사람들이 때로는 슬기로운 사람을 가르친다.
(18) 살아있는 자들은 죽은 자들을 부러워하지 않는다.
    * envy 부러워하다   * the living 살아있는 자들

나머지 조동사   07

다음의 조동사를 외우세요.

조동사	본동사		뜻
is going	to	help	도와줄 예정이다
have	to	help	도와주어야 한다
used	to	help	도와주곤 했다
had better		help	도와주는 게 낫다

※ 주어가 복수이거나 you인 경우에는 is 대신에 are를 사용한다.
　주어가 I 인 경우에는 is 대신에 am을 사용한다.
※ 주어가 단수인 경우에는 have 대신에 has를 사용한다.

또 한 가지 보기를 추가한다. (look after ~를 보살피다)

조동사	본동사		뜻
is going	to	look after	보살펴 줄 작정이다
have	to	look after	보살펴 주어야 한다
used	to	look after	보살펴 주곤 했다
had better		look after	보살펴 주는 게 낫다

『is going to ~』는 가까운 미래에 있게 될 일을 나타내고자 할 때 사용하는 말인데 다음과 같이 여러 가지로 해석할 수 있다.

1) (곧) ~할 것이다　　　2) (곧) ~하려고 한다
3) (곧) ~할 예정이다　　4) (곧) ~할 작정이다

다음의 예문을 눈여겨보아라.

(15-ㄱ)	I	am going to	look after the child.
(15-ㄴ)	She	is going to	look after the child.
(15-ㄷ)	We	are going to	look after the child.

(15-ㄱ)= 나는   그 어린이를 돌보아 줄 생각이다 (작정이다)
(15-ㄴ)= 그녀는 그 어린이를 곧 돌보아 줄 것이다.
(15-ㄷ)= 우리들은 그 어린이를 돌보아 주려고 한다.

(16-ㄱ)	I	have to	look after	the child.
(16-ㄴ)	She	has to	look after	the child.
(16-ㄷ)	We	have to	look after	the child.

(16-ㄱ)= 나는   그 어린이를 돌보아 주어야한다.
(16-ㄴ)= 그녀는 그 어린이를 돌보아 주어야한다.
(16-ㄷ)= 우리들은 그 어린이를 돌보아 주어야한다.

격언

"Self do, self have"

자업자득, 쇠붙이의 녹은 제 몸에서 생긴다.

* self 자기, 자기 자신   * do 하다

(17-ㄱ)	I	used to	look after	the child.
(17-ㄴ)	He	used to	look after	the child.
(17-ㄷ)	They	used to	look after	the child.
(17-ㄹ)	There	used to	be (있다)	a well here.
(17-ㅁ)	He	used to	snore	terribly.

(17-ㄱ)= 나는 그 어린이를 돌보아 주곤 했다.
(17-ㄴ)= 그는 그 어린이를 돌보아 주곤 했다.
(17-ㄷ)= 그들은 그 어린이를 돌보아 주곤 했다.
(17-ㄹ)= 과거에는 이곳에 우물이 있었다.
(17-ㅁ)= 그는 과거에는 지독하게 코를 골았다.

(18-ㄱ)	You	had better	learn	English.
(18-ㄴ)	She	had better	stay	at home.
(18-ㄷ)	You	had better	consult	the doctor.
(18-ㄹ)	I	had best	consult	the doctor.

(18-ㄱ)= 너는 영어를 배우는 게 낫다.
(18-ㄴ)= 그녀는 집에 있는 게 낫다.
(18-ㄷ)= 너는 의사의 진찰을 받는 게 낫다.
(18-ㄹ)= 나는 의사의 진찰을 받는 게 가장 좋다.

* consult the doctor 의사의 진찰을 받다   * had best ~하는 게 가장 좋다

의문문과 부정문 08

다음과 같이 의문문을 만든다.

     She is   going to sell the house.

Is she   going to sell the house?

<그녀는 그 집을 팔려고 합니까?>

     You have to look after the child.

Do you have to look after the child?

<너는 그 어린이를 돌보아 주어야 하느냐?>

다음과 같이 부정문을 만든다.

You		have to	look after the child.
You	do not	have to	look after the child.

<너는 그 어린이를 돌보아 줄 필요 없다.>

used to 가 있는 문장의 의문문 : 두 가지가 있다.

	She	used to	look after the child.
Did	she	use to	look after the child?
Used	she	to	look after the child? (미국에서는 안 씀)

• LESSON 3

have to의 부정은 do not have to인데 그 뜻은 『~할 필요 없다』이다. 『~해서는 안 된다』가 아니다.

(19-ㄱ)	Tom		has to	start early.
(19-ㄴ)	Tom	does not	have to	start early.
(19-ㄷ)	Tom		had to	start early.
(19-ㄹ)	Tom	did not	have to	start early.

(19-ㄱ)= 톰은 일찍 출발해야 한다.
(19-ㄴ)= 톰은 일찍 출발할 필요 없다.
(19-ㄷ)= 톰은 일찍 출발해야 했다. (그래서 일찍 출발했다)
(19-ㄹ)= 톰은 일찍 출발할 필요가 없었다. (그래서 일찍 출발하지 않았다)

You	had better	stay at home.
You	had better not	stay at home.

<너는 집에 있지 않는 게 낫다.>

PREMIUM 6. 'look'의 뜻

look의 뜻은 "~을 보다" 인데 look의 바로 뒤에 오는 말에 따라 아래와 같이 뜻이 달라진다.

I	looked	for	the key.	나는 그 열쇠를 찾아보았다.
I	looked	into	the room.	나는 그 방안을 들여다보았다.
I	looked	at	the snake.	나는 그 뱀을 바라보았다.
I	looked	up to	the teacher.	나는 그 선생님을 존경했다.
I	looked	down on	the speaker.	나는 그 연사를 멸시했다.

연·습·문·제 23

다음의 우리말을 영어로 말하고 쓰시오.

(1)	연습하곤 했다	
(2)	연습하는 게 낫다	
(3)	연습하고 있다	
(4)	연습하고 있었다	
(5)	찾아보아야 한다 (3가지로)	
(6)	찾아볼 필요 없다	
(7)	찾아볼 예정이다	
(8)	찾아보지 않았다	
(9)	찾아보지 않는 게 낫다	

(10)	존경한다	
(11)	존경하지 않는다	
(12)	존경했다	
(13)	존경하지 않았다	
(14)	들여다보고 있다	
(15)	들여다보고 있었다	
(16)	들여다보곤 했다	

연·습·문·제 24

(　)안에 알맞은 말을 쓰시오.

(1) Must I visit him?
　　No, you (　　) not. <아니, 그럴 필요 없다>

(2) May I smoke here?
　　No, you (　　) not. <아니, 담배 피우면 안 돼>

(3) Does Tom have to give up the plan?　　* give up 포기하다
　　No, he (　　) not have to.　　* plan 계획

(4) Didn't you meet him? <너 그이 못 만났냐?>
　　(　　), I didn't. <예, 못 만났어요>

(5) Isn't this your camera? <이것 너의 카메라 아니냐?>
　　(　　), it is. <아니, 제것입니다>

연·습·문·제 25

다음 문장을 부정문으로 전환하시오.

(1) She may be in the garden.
(2) You have to write to your mother.　　* write to ~ ~에게 편지 쓰다
(3) Jane had to write to her mother.
(4) This must be pure gold.　　* pure [pjúər] 순수한, 깨끗한　　* gold 금
(5) You may use my car.　　* pure gold 순금
(6) You must consult the doctor.　　* consult the doctor 의사의 진찰을 받다
(7) I will go to the concert.　　* concert [kánsəːrt] 음악회
(8) You had better consult the doctor.
(9) I am going to buy a car.
(10) Tom bought the car last month.　　* last month 지난 달에

연·습·문·제 26

다음의 우리말을 영어로 말하시오.

(1-a) 톰은 제인을 기다렸다.   ※ 과거
(1-b) 톰은 제인을 기다렸느냐?   ※ Did ~?
(1-c) 톰은 누구를 기다렸느냐?   ※ 맨 앞에 Who(m)
(1-d) 누가 제인을 기다렸느냐?   ※ 맨 앞에 Who ~?
(1-e) 톰은 제인을 기다리지 않았다.   ※ did not
(1-f) 톰은 제인을 기다리곤 했다.   ※ used to
(1-g) 톰은 제인을 기다려야 한다.   ※ must, should, has to
(1-h) 톰은 제인을 기다릴 필요가 없다.   ※ need not
(1-i) 톰은 제인을 기다리지 말아야 한다.   ※ must not
(1-j) 톰은 제인을 기다리는 게 낫다.   ※ had better
(1-k) 톰은 제인을 기다리지 않는 게 낫다.   ※ had better not
(1-l) 톰은 제인을 기다리고 있다.   ※ is -ing
(1-m) 톰은 제인을 기다리고 있느냐?   ※ (1-l)의 의문문
(1-n) 톰은 누구를 기다리고 있느냐?   ※ Whom ~?
(1-o) 누가 제인을 기다리고 있느냐?   ※ Who ~?
(1-p) 톰아, 제인을 기다려라.

(2-a) 톰은 그 라디오를 고치고 있다. * fix 고치다   ※ is -ing
(2-b) 톰은 그 라디오를 고쳐야 한다.   ※ must, has to, should
(2-c) 톰은 그 라디오를 고칠 필요 없다.   ※ need not
(2-d) 톰은 그 라디오를 고칠 예정이다.   ※ is going to
(2-e) 톰은 그 라디오를 고칠 수 있다.   ※ can
(2-f) 톰은 그 라디오를 고치지 않았다.   ※ did not
(2-g) 톰은 그 라디오를 고치는 게 낫다.   ※ had better
(2-h) 톰은 그 라디오를 고치지 않는 게 낫다.   ※ had better not

(3-a)	그녀는 감기 걸려 있다.(= 감기를 가지고 있다)	※ has a cold
(3-b)	그녀는 감기 걸려 있음에 틀림없다.	※ must
(3-c)	그녀는 감기 걸려 있을 리 없다.	※ cannot
(3-d)	그녀는 감기 걸려 있을지도 모른다.	※ may
(3-e)	그녀는 감기 걸리곤 했다. (have a cold)	※ used to

(4-a)	그 집 옆에는 우물이 있다.	※ There is -
(4-b)	그 집 옆에는 우물이 있었다. (지금은 있는지 모름)	※ is의 과거
(4-c)	그 집 옆에는 우물이 있음에 틀림없다.	※ must
(4-d)	그 집 옆에는 우물이 있을 리 없다.	※ cannot
(4-e)	그 집 옆에는 전에는 우물이 있었다. (지금은 없다)	※ used to

(5-a)	너는 휴식해야 한다. * have a rest 휴식하다	※ must, has to, should
(5-b)	너는 휴식하는 게 좋다.	※ had better
(5-c)	너는 휴식할 필요 없다.	※ need not
(5-d)	너는 휴식해도 된다.	※ may

(6-a)	그이는 너의 아버지이다.	
(6-b)	그이는 너의 아버지임에 틀림없다.	※ must
(6-c)	그이는 너의 아버지일 리가 없다.	※ cannot
(6-d)	그이는 너의 아버지일지도 모른다.	※ may

(7-a)	그는 그의 사업(business)을 포기하는 게 낫다.	※ had better/ give up
(7-b)	그는 그의 사업을 포기해서는 안 된다.	※ must not
(7-c)	그는 그의 사업을 포기할 필요 없다.	※ need not
(7-d)	그는 그의 사업을 포기할 생각이다.	※ is going to

LESSON 4

LESSON 4

What time is it?

단어 외우기 01

철자	발음기호	뜻	철자	발음기호	뜻
minute	[mínit]	분, 순간	quarter	[kwɔ́tər]	4분의 1, 15분
hard	[ha:rd]	심하게, 열심히	weather	[wéðər]	날씨
past	[pæst]	지나간, 과거	again	[əgén]	다시
before	[bifɔ́:r]	전에	wind	[wind]	바람
half	[hæf]	반, 2분의 1	windy	[wíndi]	바람이 심한
far	[fa:r]	먼, 멀리	windless	[wíndlis]	바람이 없는
after	[ǽftər]	뒤에, 후에	heavy	[hévi]	무거운
date	[deit]	날짜	heavily	[hévili]	심하게
fine	[fain]	좋은, 맑은	drive	[dráiv]	차로 달리기
cloudy	[kláudi]	구름 낀	from	[frəm]	~로 부터
rain	[rein]	비, 비가 오다	walk	[wɔ:k]	산책, 보행
rainy	[réini]	비가(자주)오는	fog	[fɔg]	안개
snow	[snou]	눈	foggy	[fɔ́gi]	안개 낀
snowy	[snóui]	눈이 오는	outside	[áutsáid]	바깥에, 외부에

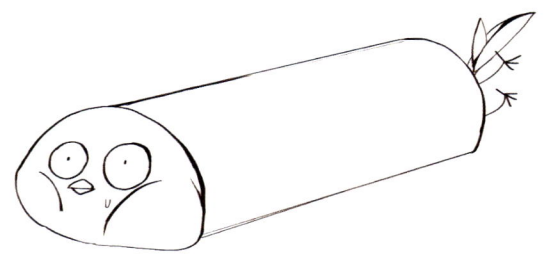

철자	발음기호	뜻	철자	발음기호	뜻
blow	[blou]	(바람이) 불다	first	[fə:rst]	첫째(의)
dark	[dɑ:rk]	어두운	second	[sékənd]	둘째(의)
light	[lait]	밝은, 가벼운	third	[θə:rd]	셋째(의)
warm	[wɔ:rm]	따뜻한	fourth	[fɔ:rθ]	넷째(의)
cool	[ku:l]	시원한	fifth	[fifθ]	다섯째(의)
hot	[hat]	뜨거운, 더운	sixth	[siksθ]	여섯째(의)
about	[əbáut]	약, 대략	seventh	[sévnθ]	일곱째(의)
build	[bild]	건설하다, 짓다	eighth	[éiθ]	여덟째(의)
get to	[get tu]	도착하다	ninth	[nainθ]	아홉째(의)
take a day		하루 걸리다	tenth	[tenθ]	열째(의)
take an hour		한 시간 걸리다	eleventh	[ilévnθ]	열한 번째(의)
take a year		일 년 걸리다	twelfth	[twelfθ]	열두 번째(의)

시간을 말하기   02

『지금 몇 시입니까?』라고 말하려면 다음과 같이 말한다.

① What time is it?
② What is the time?
③ What is the hour?
④ Do you have the time?
⑤ Have you got the time?
⑥ What time do you have?

『몇 시입니까?』라고 물으면 다음과 같이 대답한다. It is를 생략할 수 있다.

	It is	숫자	minute(s)	지난	시
3시 5분이다.	It is	five	(minutes)	past	three.
3시 10분이다.	It is	ten		past	three.
3시 12분이다.	It is	twelve	minutes	past	three.
3시 15분이다.	It is	a quarter		past	three.
3시 20분이다.	It is	twenty		past	three.
3시 25분이다.	It is	twenty-five		past	three.
3시 30분이다.	It is	half		past	three .

- past 대신에 after를 써도 된다.
- 15분 = a quarter 이다. 왜냐하면 15분은 한 시간의 4분의 1이므로.
- 30분 = half이다. 왜냐하면 30분은 한 시간의 반이기 때문이다.

30분이 지난 시각은 『~시 ~분 전』이라고 말해야 한다.

	It is ~	숫자	minute(s)	전	시
4시 25분전이다.	It is	twenty-five		to	four.
4시 20분전이다.	It is	twenty		to	four.
4시 15분전이다.	It is	a quarter		to	four.
4시 12분전이다.	It is	twelve	minutes	to	four.
4시 10분전이다.	It is	ten		to	four.
4시 5분전이다.	It is	five		to	four.
꼭 4시다.	It is	just			four.

- 미국에서는 to대신에 of 나 before를 사용하기도 한다.

 **주의** 5분 10분 20분 25분 35분 40분 50분 55분에는 **minutes**를 사용하지 않는다. 1분, 2분, 3분, 4분, 6분, 7분, 8분, 9분과 끝 숫자가 1, 2, 3, 4, 6, 7, 8, 9이면 **minutes**를 사용해야 한다. 단, 1분과 59(~시 1분 전)분인 경우에는 **minutes**를 사용하지 않고 **minute**를 사용한다. 5분인 경우에는 **minutes**를 써도 된다.

to 대신에 **before**를 사용한 예문

4시 5분이다.	It is	five	after four.
4시 7분이다.	It is	seven minutes	after four.
4시 10분이다.	It is	ten	after four.
4시 13분이다.	It is	thirteen minutes	after four.
4시 15분이다.	It is	a quarter	after four.
4시 16분이다.	It is	sixteen minutes	after four.
4시 20분이다.	It is	twenty	after four.
4시 21분이다.	It is	twenty-one minutes	after four.
4시 25분이다.	It is	twenty-five	after four.
4시 28분이다	It is	twenty-eight minutes	after four.
4시 30분이다.	It is	half	after four.
5시 29분 전이다.	It is	twenty-nine minutes	before five.
5시 25분 전이다.	It is	twenty-five	before five.
5시 21분 전이다.	It is	twenty-one minutes	before five.
5시 20분 전이다.	It is	twenty	before five.
5시 15분 전이다.	It is	a quarter	before five.
5시 1분 전이다.	It is	one minute	before five.

at + 시각　　　　　　　　　　　　　　03

「at + 때, from + 때, till + 때」를 외우세요.

at + 때	at	six minutes past three	3시 6분에
	at	ten past three	3시 10분에
	at	a quarter past three	3시 15분에
	at	half past three	3시 반에
	at	three (o'clock)	3시에

from + 때	from	ten past five	5시 10분부터
	from	twenty past six	6시 20분부터
	from	seven minutes before six	6시 7분 전부터
	from	nine (o'clock)	9시부터

till + 때	till	five (o'clock)	5시까지
	till	eight minutes after one	1시 8분까지
	till	half past nine	9시 반까지
	till	a quarter before five	5시 15분 전까지
	till	tomorrow	내일까지
	till	night	밤까지
	till	my birthday	나의 생일까지

다음의 표현도 외워야 한다.

from (부터)	때	till (까지)	때	뜻
from	ten past nine	till	five to eleven	9시 10분부터 11시 5분 전까지
from	six minutes past two	till	ten to four	2시 6분부터 4시 10분 전까지
from	morning	till	night	아침부터 밤까지
from	five past three	till	20 minutes to six	3시 5분부터 6시 20분 전까지
from	one (o'clock)	till	three (o'clock)	1시부터 3시까지

위의 표현들을 사용하여 문장을 만들어 봅시다.

(1-ㄱ) 그는 그 문을 열었다.
(1-ㄴ) 그는 그 문을 9시 반에 열었다. } 의 비교

이 문장을 다음과 같은 순서로 말한다는 것을 알고 있을 것이다.

	그는	열었다	그 문을	9시 반에
(1-ㄱ)=	He	opened	the door.	
(1-ㄴ)=	He	opened	the door	at half past nine.

(2-ㄱ) 나는 그녀를 5시에 만났다.
(2-ㄴ) 나는 그녀를 5시 10분에 만났다. } 의 비교

	나는	만났다	그녀를	만난 시간
(2-ㄱ)=	I	met	her	at five (o'clock).
(2-ㄴ)=	I	met	her	at ten past five.

(3-ㄱ) 나는 너를 오랫동안 기다렸다.
(3-ㄴ) 나는 너를 2시 20분부터 기다렸다. } 의 비교

	나는	기다렸다	너를	시간
(3-ㄱ)=	I	waited for	you	for a long time.
(3-ㄴ)=	I	waited for	you	from twenty past two.

(4-ㄱ) 나는 그녀를 오랫동안 기다렸다.
(4-ㄴ) 나는 그녀를 6시 40분까지 기다렸다. } 의 비교

	나는	기다렸다	그녀를	기간
(4-ㄱ)=	I	waited for	her	for a long time.
(4-ㄴ)=	I	waited for	her	till twenty before seven.

(5-ㄱ) 우리들은 오전 9시부터 오후 5시까지 일한다.
(5-ㄴ) 우리들은 아침부터 밤까지 일한다. } 의 비교

	우리는	일한다	부터	때	까지	때
(5-ㄱ)=	We	work	from	nine a.m.	till	five p.m.
(5-ㄴ)=	We	work	from	morning	till	night.

반가운 영어　　　What time is it?

우리말처럼 시간을 먼저 말하고 분을 나중에 말하는 방법도 있다.
이 경우에는 minutes, a quarter, half, past, after, to, before 등을 사용하지 않는다.

3시 5분	three five	3시 32분	three thirty-two
3시 10분	three ten	3시 35분	three thirty-five
3시 13분	three thirteen	3시 40분	three forty
3시 15분	three fifteen	3시 44분	three forty-four
3시 20분	three twenty	3시 45분	three forty-five
3시 25분	three twenty-five	3시 50분	three fifty
3시 28분	three twenty-eight	3시 55분	three fifty-five
3시 30분	three thirty	3시 58분	three fifty-eight

• 이것은 주로 시간표에 사용되고 또 공식적인 것을 공고할 때 사용된다.

PREMIUM 7. 중요 숙어

꼭 외워야 할 중요 숙어

I	ran across	Jane.	나는 제인을 우연히 만났다.
She	laughed at	me.	그녀가 나를 비웃었다.
My dream	came true	at last.	나의 꿈이 드디어 실현되었다.
Please	turn on	the light.	전등을 켜라.
Please	turn off	the TV.	TV를 꺼다오.
Please	take off	your cap.	모자 좀 벗으세요.
I	waited on	the guests.	나는 손님들의 시중을 들었다.
I	called on	my uncle.	나는 삼촌을 방문했다.

till과 by 의 차이

5시까지 어떤 일을 계속하거나 5시까지 어떤 상황이 계속되는 경우에는 5시까지 = till five 이고
5시까지 어떤 일을 끝내거나 5시까지 돌아온다는 경우에는 5시까지 = by five 입니다.

(A) by를 써야하는 경우	~까지 끝낸다 ~까지 (돌아)온다	(1) I finished it by three. (2) Please come back by five.
(B) till를 써야하는 경우	~까지 기다린다 ~까지 머문다 ~까지 있는다(계속한다)	(3) I waited till five. (4) Stay here till noon. (5) Be here till two (o'clock).
(A)와 (B)를 부정할 때는 till을 사용해야 함	~까지 안 끝낸다 ~까지 안(돌아)온다	(6) I did not finish it till three. (7) I cannot come back till five.

* finish [fíniʃ] 끝내다, 끝나다   * by ~까지   * stay [stei] 머물다   * noon [nu:n] 정오

(1)의 뜻 : 나는 그것을 3시까지 끝냈다.
(2)의 뜻 : 5시까지 돌아오세요.
(3)의 뜻 : 나는 5시까지 기다렸다.
(4)의 뜻 : 정오까지 이곳에 머물러 있어라.
(5)의 뜻 : 2시까지 이곳에 있어라.
(6)의 뜻 : 나는 그것을 3시까지 끝내지 못했다.
(7)의 뜻 : 나는 5시까지 돌아올 수 없다.

연·습·문·제 27

다음의 우리말을 영어로 말하고 또 쓰시오.

(1)	몇 시입니까?	
(2)	2시 3분입니다.	
(3)	2시 5분입니다.	
(4)	2시 10분입니다.	
(5)	2시 12분입니다.	
(6)	2시 15분입니다.	
(7)	2시 20분입니다.	
(8)	2시 25분입니다.	
(9)	2시 26분입니다.	
(10)	2시 반입니다.	

(11)	5시 27분 전입니다.	
(12)	5시 25분 전입니다.	
(13)	5시 22분 전입니다.	
(14)	5시 20분 전입니다.	
(15)	5시 15분 전입니다.	
(16)	5시 11분 전입니다.	
(17)	5시 10분 전입니다.	
(18)	5시 8분 전입니다.	
(19)	5시 5분 전입니다.	
(20)	꼭 5시입니다.	

(21) 5시 20분에 나를 깨워주세요. (wake me up)
(22) 8시 50분에 그 문을 열어라. (open the door)
(23) 5시 15분에 가게를 닫아라. (close the shop)
(24) 6시 반에 나에게 전화해라. (phone me, call me)
(25) 나는 10시 40분에 잠을 잤다. (go to bed)
(26) 나는 7시간 동안 잠을 잤다. (seven hours = 7시간 / slept)
(27) 나는 6시까지 잤다.
(28) 11시부터 6시까지 잤다.
(29) 너는 3시 20분까지 기다려야 한다.

(30) 너는 3시 20분까지 돌아와야 한다.   * come back = return 돌아오다
(31) 그는 3시 20분까지 돌아오지 않았다.
(32) 그는 5시 8분까지 자기의 숙제를 끝냈다. (finish his homework)
(33) 그는 5시까지 숙제를 끝내지 못했다.
(34) 너는 내일까지 이곳에 머무는 게 낫다. (stay here)
(35) 우리들은 오후 4시까지 수업한다. (have school)
(36) 수업(school)은 오전 8시 40분에 시작한다. (begin)
(37) 우리들은 오전 8시 40분부터 오후 4시 30분까지 수업한다.
(38) 그녀는 3시 25분에 도착했다. (arrive)

(39) 그녀는 3시 반까지 도착해야 한다.
(40) 그녀는 3시 반까지는 도착하지 않을 것이다.
(41) 그녀는 5시에 떠났다. (leave - left)
(42) 4시 반까지 그 책을 반환해라. (return the book)
(43) 그는 4시 반에 그 책을 반환했다.
(44) 그는 4시 반까지 그 책을 반환하지 않았다.
(45) 10시 50분에 전등을 끄세요. (turn off)
(46) 너는 10시 50분까지는 그 전등들을 모두 다 꺼야 한다.
(47) 그는 한국에 있다.
(48) 그는 다음 해까지 한국에 있을 것이다. (next year)
(49) 그는 2016년에 한국을 떠날 것이다.
(50) 그는 2016년까지는 한국을 떠나지 않을 것이다.

속 담

"A rolling stone gathers no moss"

구르는 돌에는 이끼가 끼지 않는다.

※ 「직업을 자주 바꾸면 성공하지 못한다」는 뜻임

* rolling 구르고 있는   * moss 이끼

날씨에 대하여 말하기   04

『날씨가 어떻습니까?』를 영어로는 How is the weather?라고 한다.
이것에 대한 대답은 『It is + 날씨를 나타내는 말』이다. 예를 들면 아래와 같다.

	It is	날씨에 관한 말	뜻
(1)	It is	fine.	쾌청합니다. 맑습니다.
(2)	It is	cloudy.	구름이 끼어 있습니다.
(3)	It is	blowing gently.	바람이 솔솔 불고 있습니다.
(4)	It is	raining.	비가 내리고 있습니다.
(5)	It is	snowing.	눈이 오고 있습니다.
(6)	It is	warm.	따뜻합니다.
(7)	It is	cool.	시원(싸늘)합니다.
(8)	It is	cold.	춥습니다.
(9)	It is	hot.	덥습니다. (뜨겁습니다)

기상학적으로는 다음과 같이 말한다. 숫자는 구름이 하늘을 덮은 정도다.
- **fine** 아주 맑은 날씨일 때 (운량이 0% ~ 20%)
- **fair** 꽤 맑은 날씨일 때 (운량이 30%~ 70%)
- **cloudy** 구름 낀 날씨일 때 (운량이 80%~100%)

보기)
    It is fair, but not fine. <맑습니다. 그러나 쾌청한 것은 아닙니다.>

※ 운량(雲量)이 70%라도 비가 오고 있으면 It is raining.이라고 말해야 한다.

『제주도에는 바람이 심하다』를 다음과 같이 말한다.

It blows hard in Jeju-do.
= The wind blows hard in Jeju-do.
= Jeju-do is windy.

다음의 문장도 외워두는 게 좋다.

- It snows heavily in the country. <그 나라에는 눈이 많이 온다.>
- It rains heavily in the country. <그 나라에는 비가 많이 온다.>
- It is cold today. = Today is cold. <오늘은 춥다.>

We have	much rain	in July.	<7월에는 비가 많이 온다.>
We have	much snow	in January.	<1월에는 눈이 많이 온다>
We have	many rainy days	in July.	<7월에는 비오는 날이 많다.>
We have	many windy days	in April.	<4월에는 바람 부는 날이 많다.>

- 위의 문장에서 **we** 대신에 **they**를 사용할 수 있다.
 we를 사용하면 이 말을 하는 사람의 나라나 고장의 기후에 대하여 말하는 것이 되고 **they**를 사용하면 딴 나라나 딴 지방의 기후에 대하여 말하는 것이 된다.

요일을 말하기   05

『오늘은 무슨 요일입니까?』를 다음과 같이 말한다.

   1 What day of the week is it (today)?
   2 What day   is it (today)?
   3 What   is   today ?

이 물음에 대하여 다음과 같이 대답한다.

- It is Sunday. = Today is Sunday. <오늘은 일요일이다.>
- It is Tuesday. = Today is Tuesday. <오늘은 화요일이다.>
- It is Saturday. = Today is Saturday. <오늘은 토요일이다.>

『어제는 무슨 요일이었습니까?』라고 하려면 is 대신에 was를 사용하면 된다.
즉, 다음과 같이 한다.

   1 What day (of the week) was it yesterday?

대답은 다음과 같이 한다.

  a) It was Sunday.
  b) Yesterday was Sunday. <어제는 일요일이었다>

요일의 유래   ※ Tiw 튜톤 민족의 신화에서 군신 (=Mars)

Sun's day ⇨	Sunday	Thor's day ⇨	Thursday
Moon's day ⇨	Monday	Frigg's day ⇨	Friday
Tiw's day ⇨	Tuesday	Saturn's day ⇨	Saturday
Woden's day ⇨	Wednesday		

 날짜에 대하여 말하기   06

『오늘은 며칠입니까?』를 다음과 같이 말한다.
　① What day　　　　　　is this?
　② What day of the month is this?
　③ What day of the month is it (today)?
　④ What is the date?
　⑤ What date is it today?
　⑥ What date (is) today?

이 물음에 대한 대답은 다음과 같다.
　a) It is the 3rd of October. <10월 3일입니다.>
　b) It is October 3. <10월 3일입니다.>

　※ October 3 = October (the) third = October three.

『어제는 며칠이었습니까?』는 다음과 같이 말한다.
　What date was it yesterday?
　 = What date yesterday?
　 = What day of the month was it yesterday?

이 물음에 대하여 다음과 같이 대답할 수 있다.
　a) It was the 2nd of October.
　b) It was October 2.

　※ It was October 2. = It was October the second.
　　 = It was October two.

전치사와 때   07

다음의 문장에서 전치사에 유의하시오.

(6-ㄱ) 그는 2012년에 죽었다.
(6-ㄴ) 그는 2012년 6월에 죽었다.
(6-ㄷ) 그는 2012년 6월 28일에 죽었다.

	주어	동사	전치사	때
(6-ㄱ)=	He	died	in	2012.
(6-ㄴ)=	He	died	in	June, 2012.
(6-ㄷ)=	He	died	on	June 28, 2012.

지금까지 배운 것을 다시 정리하겠습니다.

in + ~	in + 년도 in + 달 이름 in + 계절	in 1998 in May in spring	1998년에 5월에 봄에
on + ~	on + 날짜 on + 요일 on + ~날	on May 5 on Sunday on my birthday	5월 5일에 일요일에 나의 생일날에
at + ~	at + 시간 at + 분 at + 순간	at nine at five past ten at the moment	아홉시에 10시 5분에 그 순간에

연·습·문·제 28

다음의 우리말을 영어로 말하시오.

(1) 날씨가 어떻습니까?
(2) 맑습니다.
(3) 비가 오고 있습니다.
(4) 구름이 끼어 있습니다.
(5) 눈이 오고 있습니다.
(6) 춥네요
(7) 덥네요.
(8) 바람이 심하게 불고 있습니다.
(9) 그 나라에는 눈이 많이 온다. (두 가지로) ※ It ~/ The country ~
(10) 그 나라에는 비가 많이 온다.

(11) 지난겨울에는 눈이 많이 왔다. (We ~)
(12) 7월에는 비가 많이 온다. (We have ~)
(13) 7월에는 비 오는 날이 많다.
(14) 5월에는 바람이 심하다.
(15) 5월에는 바람 부는 날이 많다.
(16) 오늘은 무슨 요일입니까?
(17) 일요일입니다.
(18) 어제는 무슨 요일이었습니까?
(19) 토요일이었습니다.
(20) 오늘은 며칠입니까?

(21) 10월 3일입니다.
(22) 그는 1960년에 그녀를 만났다.
(23) 그는 1965년 5월에 그녀와 결혼했다. (marry her)

(24) 그는 1996년 10월 12일에 죽었다. (October 12, 1996)
(25) 그는 1995년까지 서울에서 살았다.
(26) 그는 나의 생일날에 죽었다.

Bonus cancer (암)의 종류

terminal	cancer	말기 암	lung	cancer	폐암
inoperable	cancer	수술 불가능한 암	breast	cancer	유방암
childhood	cancer	소아 암	early-stage	cancer	초기 암
localized	cancer	전이 안된 암	colon	cancer	결장암
hereditary	cancer	유전적인 암	cervical	cancer	자궁경부암
skin	cancer	피부암	incurable	cancer	치료 불가능한 암

He suffered from lung cancer. 그는 폐암 환자였다.
* suffer from ~ ~으로 고생하다, ~을 앓다

  거리를 말하기 03

거리를 알고 싶으면 다음과 같이 물어본다.

(문형)	How far is it from	A	to	B	?
(7-ㄱ)	How far is it from	here	to	the station	?
(7-ㄴ)	How far is it from	Seoul	to	the lake	?
(7-ㄷ)	How far is it from	your house	to	the sea	?

(7-ㄱ)= 이곳부터 (= 이곳에서) 정거장까지의 거리는 얼마입니까?
(7-ㄴ)= 서울부터 (= 서울에서) 그 호수까지의 거리는 얼마입니까?
(7-ㄷ)= 너의 집부터 (= 너의 집에서) 바다까지의 거리는 얼마냐?

이 물음에 대하여 아래와 같이 대답할 수 있다.
대답하는 말에서는 **from ~ to ~**를 쓸 필요 없다.

  a) It is three miles (from ~ to ~). <3마일입니다.>
  b) It is an hour's drive (from ~ to ~). <차로 한 시간 걸리는 거리입니다.>
  c) It is twenty minutes' walk (from ~ to ~). <걸어서 20분 걸리는 거리입니다.>

* **an hour's drive** 차로 한 시간에 갈 수 있는 거리   * **drive** 차로 가는 거리
* **twenty minutes' walk** 걸어서 20분 걸리는 거리   * **walk** 보행거리(步行距離)

118 • LESSON 4

소요시간을 말하기　　　　　　　　　　　　04

| (8-ㄱ) | 정거장까지 | 가는 데 | 한 시간 | 걸린다. |
| (8-ㄴ) | 이 다리를 | 건설하는 데 | 4년 | 걸렸다. |

위의 우리말을 영어로 말하려면 다음과 같은 순서로 말한다.

	걸린다	소요시간	행동 내용	
(8-ㄱ)=	걸린다	한 시간	to 간다	에 정거장
(8-ㄴ)=	걸렸다	4년	to 짓다	이 다리

(8-ㄱ) (8-ㄴ)을 영어로 말하면 다음과 같이 된다.

	It	걸린다	소요시간	행동내용
(8-ㄱ)=	It	takes	an hour	to go to the station.
(8-ㄴ)=	It	took	four years	to build this bridge.

(9-ㄱ)　　그 일을 완성하는 데 10일이 걸렸다.　⎫
(9-ㄴ) **내가** 그 일을 완성하는 데 10일이 걸렸다.　⎬ 의 비교
　　　　　　　　　　　　　　　　　　　　　　⎭

	it	걸렸다	행동자	소요시간	행동내용
(9-ㄱ)=	It	took		ten days	to finish the work.
(9-ㄴ)=	It	took	**me**	ten days	to finish the work.

아래에 있는 (9-ㄴ)과 (9-ㄷ)은 동일한 뜻을 가지고있다.

(9-ㄴ)　　It took　**me**　ten days　　　　　to finish the work.
(9-ㄷ)　　It took　　　ten days　**for me**　to finish the work.

아래에 있는 (9-ㄴ)과 (9-ㄹ)도 동일한 뜻을 가지고 있다.

(9-ㄴ)　　It　took　**me**　ten days to finish the work.
(9-ㄹ)　　**I**　took　　　　ten days to finish the work.

(10-ㄱ)   이 다리를 건설하는 데 4년 걸렸다.
(10-ㄴ) 우리가 이 다리를 건설하는 데 4년 걸렸다. } 의 비교

(10-ㄱ)은 (8-ㄴ)과 동일한 문장이다.

	it	걸렸다	행동자	소요시간	행동내용
(10-ㄱ)=	It	took		four years	to build this bridge.
(10-ㄴ)=	It	took	us	four years	to build this bridge.

아래에 있는 (10-ㄴ)과 (10-ㄷ)은 동일한 뜻을 가지고있다.

(10-ㄴ)   It took   us   four years   to build this bridge.

(10-ㄷ)   It took   four years   for us   to build this bridge.

또 (10-ㄹ)은 (10-ㄴ)과 동일한 뜻을 가지고 있다.

(10-ㄴ)   It   took   us   four years to build this bridge.

(10-ㄹ)   We   took   four years to build this bridge.

 주의 『걸린다』를 『걸릴 것이다』라고 하려면 take(s)대신에 will take를 쓴다.

보기)

• It will take two hours for me to do the homework.
  <내가 그 숙제를 하는 데는 2시간이 걸릴 것이다.>

(11-ㄱ) 호수까지 가는 데 10분 걸립니까?
(11-ㄴ) 호수까지 가는 데 시간이 얼마 걸립니까? } 의 비교

(11-ㄱ)=   Does   it take   ten minutes   to go to the lake?
(11-ㄴ)= How long   does   it take   to go to the lake?

※ (11-ㄴ)은 몇 시간이 걸리는가를 물어보는 말이 아니다. 몇 시간 걸리는가를 물어보려면 how long 대신에 how many hours를 사용해야 한다.

(11-ㄴ)과 유사한 문형에서 how long 대신에 『how many + 때를 나타내는 말』을 사용하면 뜻이 어떻게 변하는지 눈여겨보아라.

(11-ㄷ)	How many years	did it take to finish the work?
(11-ㄹ)	How many months	did it take to finish the work?
(11-ㅁ)	How many days	did it take to finish the work?
(11-ㅂ)	How many hours	did it take to finish the work?
(11-ㅅ)	How many minutes	did it take to finish the work?

(11-ㄷ)= 그 일을 끝내는 데 몇 년 걸렸느냐?
(11-ㄹ)= 그 일을 끝내는 데 몇 달 걸렸느냐?
(11-ㅁ)= 그 일을 끝내는 데 며칠 걸렸느냐?
(11-ㅂ)= 그 일을 끝내는 데 몇 시간 걸렸느냐?
(11-ㅅ)= 그 일을 끝내는 데 몇 분 걸렸느냐?

지금 배운 take는 <시간, 돈, 노력, 인내, 능력> 따위를 필요로 한다는 뜻을 가지고 있다. 그러므로 (12-ㄴ) (12-ㄷ) (12-ㄹ)의 문장이 가능하다.

	~이 필요하다 ~이 걸린다 ~이 든다	시간, 노력, 비용	행동내용
(12-ㄱ)	It took	ten days	to finish the work.
(12-ㄴ)	It took	much patience	to finish the work.
(12-ㄷ)	It took	much money	to finish the work.
(12-ㄹ)	It takes	two (people)	to make a quarrel.

(12-ㄱ)= 그 일을 끝내는 데 10일이 걸렸다.
(12-ㄴ)= 그 일을 끝내는 데 많은 인내가 필요했다.
(12-ㄷ)= 그 일을 끝내는 데 많은 돈이 들었다.
(12-ㄹ)= 싸움에는 두 사람이 필요하다. (혼자는 싸움이 안 된다.)

* quarrel [kwɔ́(ː)rəl] 언쟁, 말다툼   * make a quarrel 언쟁하다

아래의 문장에 사용된 take도 그 속뜻에는 『~이 필요하다』는 뜻을 가지고 있다.

	주어	필요하다	필요한 시간, 비용, 공간	행동내용
(13-ㄱ)	I	took	ten days	to finish the work.
(13-ㄴ)	The desk	takes	much room.	
(13-ㄷ)	The party	will take	much money.	

(13-ㄱ)= 내가 그 일을 끝내는 데 10일 걸렸다.
(13-ㄴ)= 그 책상은 많은 공간을 차지한다.
(13-ㄷ)= 그 파티에는 많은 돈이 들 것이다.

* room 공간, 자리, 여지, 빈자리, 장소   * take room 공간을 차지하다

연·습·문·제 29

다음의 우리말을 영어로 말하시오.

(1-a) 여기에서 정거장까지의 거리는 얼마입니까?
(1-b) 5마일입니다.
(1-c) 도보로 한 시간 걸린다. (an hour's walk)
(1-d) 차로 10분 걸린다. (ten minutes' drive)

(2-a) 정거장까지 가는 데 몇 분 걸립니까?
(2-b) 정거장까지 가는 데 시간이 얼마 걸립니까?
(2-c) 정거장까지 가는 데 몇 시간 걸립니까?
(2-d) 이 집을 짓는 데 몇 년 걸렸습니까?
(2-e) 이 고속도로(superhighway)를 건설하는 데 몇 년 걸렸습니까?
(2-f) 귀하가 (당신이) 이 책을 쓰는 데 몇 년 걸렸습니까?

(3-a) 이 고속도로를 건설하는 데 5년이 걸렸다.
(3-b) 우리가 이 고속도로를 건설하는 데 5년이 걸렸다. (3가지로)
(3-c) 그 일을 하려면 용기(courage)가 필요하다. (do the work)
(3-d) 외국어(foreign language)를 배우려면 끈기와 근면이 필요하다.
　　　　* patience [péiʃəns] 끈기, 인내심　　* industry [índəstri] 근면
(3-e) 씨름을 하려면 두 사람이 필요하다. ☞ (12-ㄹ) 고장난명 (孤掌難鳴)
　　　(이 말의 속뜻은 혼자서는 안 된다는 것이다.)　* wrestle 씨름하다

(4-a) 내가 그녀의 마음을 얻는 데 2년이 걸렸다.   * win her heart 그녀의 마음을 얻다

(4-b) 그들이 이 다리를 건설하는 데 5년 걸렸다.

(4-c) 이 차를 수리하는 데 3일이 걸릴 것이다.   * fix 수리하다

(4-d) 이 차를 수리하는 데 많은 돈이 들 것이다.

(4-e) 이 차를 수리하는 데 기술이 필요하다.   * skill 기술

(4-f) 그들을 가르치는 데는 많은 인내가 필요하다.

(4-g) 내가 이 집을 사는 데 10년 걸렸다.   * buy [bai] 사다

Bonus 인체에 대하여

brain	뇌, 두뇌	head	머리, 두부	wrist	팔목
cheek	뺨	hair	부발	armpit	겨드랑이
face	얼굴	eye	눈	heart	심장, 가슴
forehead [fɔ́:rhèd]	이마	nose	코	lung	폐
ear	귀	bone	뼈	bottom	엉덩이, 볼기짝
mouth	입	lip	입술	hip	궁둥이, 고관절
tongue	혀	tooth	이, 치아	brow	이마의 눈썹
chin	턱(입술아래)	throat	목구멍	heel	발꿈치
jaw	턱(귀밑)	neck	목	ankle	발목
hand	손(손목아래)	elbow	팔꿈치	arm	팔(손목 윗부분)
shoulder [ʃóuldə]	어깨	chest	가슴	breast	유방(젖나오는 곳)
stomach	복부, 위장	waist	허리	tear [tiə]	눈물
palm [pa:m]	손바닥	finger	손가락	blood [blʌd]	피
thumb [θʌm]	엄지	fingernail	손톱	sweat [swet]	땀
leg	발(발목 위)	knee	무릎	toe	발가락
back	등	sole	발바닥	moustache	코밑수염
thigh [ðai]	넓적다리	foot	발(발목아래)	beard	턱과 뺨에 나는 수염

LESSON 5

LESSON 5

I teach them English

단어 외우기 01

철자	발음기호	뜻	철자	발음기호	뜻
news	[nju:z]	소식	album	[ǽlbəm]	앨범, 사진첩
everyone	[évriwʌn]	모든 사람	question	[kwéstʃən]	의문, 질문
rope	[roup]	밧줄	waltz	[wɔ(:)ls]	왈츠(곡, 춤)
doll	[dɔl/dɑl]	인형	salt	[sɔ:lt]	소금
meal	[mi:l]	끼니, 식사	spoon	[spu:n]	숟가락
age	[eidʒ]	나이, 시대	luck	[lʌk]	운, 행운
fortune	[fɔ́:rtʃən]	운명, 큰 재산	life	[laif]	인생, 생명, 삶
pass	[pæs]	건네주다	job	[dʒab]	일, 직업
hand	[hænd]	건네주다	kite	[kait]	연, 솔개
ask	[æsk]	요청하다	safe	[seif]	① 안전한 ② 금고
wish	[wiʃ]	원하다, 바라다	journey	[dʒə́:rni]	여행
owe	[ou]	빚지다	bone	[boun]	뼈
pill	[pil]	알약	parent	[pέərənt]	부모, 양친
good	[gud]	이익, 행복	wife	[waif]	아내
call on	[kɔ:l ɔn]	방문하다	present	[préznt]	선물, 현재

수여동사   02

	(1) 주어	(3-1) 간접목적어	(3-2) 직접목적어	(2) 수여동사
(1-ㄱ)	나는	그들에게	영어를	가르쳐준다.
(1-ㄴ)	그는	그녀에게	10달러를	빌려주었다.
(1-ㄷ)	나의 어머니는	나에게	시계를	사주었다.
(1-ㄹ)	그는	나에게	연을	만들어주었다.

위의 우리말을 영어로 말하려면 아래와 같은 순서로 말해야한다.

	(1) 주어	(2) 수여동사	(3-1) 간접목적어	(3-2) 직접목적어
(1-ㄱ)	나는	가르쳐준다	그들에게	영어를
(1-ㄴ)	그는	빌려주었다	그녀에게	10달러를
(1-ㄷ)	나의 어머니는	사주었다	나에게	시계를
(1-ㄹ)	그는	만들어주었다	나에게	연을

위의 우리말을 영어로는 다음과 같이 말한다.

	(1) 주어	(2) 수여동사	(3-1) 간접목적어 ~에게	(3-2) 직접목적어 ~를
(1-ㄱ)=	I	teach	them	English.
(1-ㄴ)=	He	lent	her	ten dollars.
(1-ㄷ)=	Mother	bought	me	a watch.
(1-ㄹ)=	He	made	me	a kite.

(3-1)의 칸에 있는 말(「~에게」에 해당하는 말)을 간접목적어라 한다.
(3-2)의 칸에 있는 말 (「~를, 을」에 해당하는 말)을 직접목적어라 한다.

직접목적어와 간접목적어가 있는 문장의 동사를 수여동사라 부른다. 수여동사에서 '수여'는 '준다'는 것을 의미한다. 따라서 수여동사란 준다는 뜻을 가지고 있는 동사이다.
예를 들면 『만들다』는 수여동사가 아니고 『만들어 주다』는 수여동사이다. 또, " 가르치다 "는 수여동사가 아니고 " 가르쳐 주다 "는 수여동사이다.

PREMIUM 8. 'at'의 쓰임

at는 1)무언가를 조준하거나 적대감을 나타내는 경우가 있다.

He	shot			the wolf.	<그는 늑대에게 총을 쏘아 명중시켰다.>
He	shot		at	the wolf.	<그는 늑대를 겨누어 쏘았으나 못 맞추었다.>
He	kicked			me.	<그는 나를 발로 찼다.>
He	kicked		at	me.	<그는 나에게 헛발질했다.>
He	threw	a ball	to	me. (호의)	<그는 나에게 공을 받으라고 던졌다.>
He	threw	a ball	at	me. (적대감)	<그는 나를 때리려고 나에게 공을 던졌다.>

Bonus boy 이모 저모

big	boy	커다란 소년	eldest	boy	장남
small, little	boy	어린 소년	six-year-old	boy	6세 소년
good	boy	착한 소년	adolescent	boy	사춘기 소년
bad	boy	나쁜 소년	teenage	boy	10대 소년
baby	boy	남자 아기	naughty	boy	개구쟁이 소년
young	boy	소년	smart, bright	boy	영리한 소년

아래의 동사는 이제부터 배울 문장에 사용될 수여동사이다.

현재 또는 원형	발음기호	과거	발음기호	뜻
sell	[sel]	sold	[sould]	팔다
pay	[pei]	paid	[peid]	지불하다, 갚다
find	[faind]	found	[faund]	발견하다, 찾아주다
throw	[θrou]	threw	[θruː]	던지다, 던져주다
build	[bild]	built	[bilt]	짓다, 지어주다
choose	[tʃuːz]	chose	[tʃouz]	선택하다, 골라주다
tell	[tel]	told	[tould]	말하다, 말해주다

현재 또는 원형	발음기호	과거	발음기호	뜻
read	[riːd]	read	[red]	읽다, 읽어주다
buy	[bai]	bought	[bɔːt]	사다, 사주다
give	[giv]	gave	[geiv]	주다
leave	[liːv]	left	[left]	남기다, 남겨주다, 떠나다
send	[send]	sent	[sent]	보내다, 보내주다
get	[get]	got	[gɑt]	사서 주다, 구해다 주다
call	[kɔːl]	called	[kɔːld]	부르다, 불러주다
teach	[tiːtʃ]	taught	[tɔːt]	가르치다
write	[rait]	wrote	[rout]	써주다, (글을) 쓰다
make	[meik]	made	[meid]	만들다, 만들어 주다

연·습·문·제 30

다음의 문장을 해석하시오.

	주어	수여동사	~에게	~을 (직접목적어)
(1)	I	gave	him	a book.
(2)	He	wrote	her	a letter.
(3)	You	must answer	me	this question.
(4)	She	showed	me	her album.
(5)	Tom	played	me	a waltz.
(6)	I	found	him	a good job.
(7)	I	read	her	the letter.
(8)	He	asked	me	her name.

	주어	수여동사	~에게	~을(직접목적어)
(9)	He	sold	me	his used car. (중고차)
(10)	His uncle	left	him	a large fortune.
(11)	They	threw	him	a rope.
(12)	I	wish	you	a Happy New Year.
(13)	He	taught	us	English.
(14)	Tom	sent	her	a book.
(15)	The pill	did	him	much good.
(16)	I	owe	him	ten dollars.

	주어	수여동사	~에게	~을
(17)		Pass	me	the salt, please.
(18)	I	handed	him	the letter.
(19)	I	bought	her	a camera.
(20)	Father	built	me	a house.
(21)	I	chose	him	a good present.
(22)		Call	me	a taxi, please.
(23)	He	got	me	a ticket.
(24)	He	made	me	a doll.

연·습·문·제 31

다음의 우리말을 영어로 말하시오.

(1) 나의 어머니는 어제 나에게 책을 한 권 사주었다. (bought)
(2) 나는 그이에게 질문했다.   ※『의문(question)을 물어보았다 (ask)』로 말한다.
(3) 그녀는 나에게 너의 나이를 물어보았다.
(4) 그이는 나에게 너의 주소를 물어보았다.
(5) 그이는 나에게 정거장 가는 길을 물어보았다. (the way to the station)
(6) 그녀는 나에게 세레나데(serenade) 한 곡을 연주해 주었다. (play)
(7) 나는 그녀에게 디카(digital camera)를 사주려고 한다. (am going to)
(8) 새해 복 많이 받으세요. (새해인사)   ※ I wish ~
(9) 행운을 빕니다.

(10) 그 공을 나에게 던져라.
(11) 소금 좀 건네주세요.   * pass 건네다
(12) 그는 나에게 그 상품을 건네주었다.   * prize 상품   * hand 건네다
(13) 그는 나에게 자기가 좋아하는 시 한편을 읽어주었다.   * poem 시
(14) 너의 성적표(your report card)를 나에게 가져오너라. (bring)
(15) 그 소식은 우리들에게 충격(a shock)을 주었다.
(16) 그는 아들에게 농장(a farm)을 남겨주었다.
(17) 나에게 너의 카메라 좀 빌려주지 않겠니? (Will you ~?)
(18) 그는 나에게 빚진 돈이 많다. (owe)
(19) 나는 그에게 100달러를 지불해야 한다.

(20) 나는 그에게 쓰던 차(used car = 중고차)를 팔 작정이다.
(21) 너는 그녀에게 선물을 보내는 게 낫다.
(22) 그녀는 나에게 자기의 새 차를 보여주었다.
(23) 그녀는 우리들에게 영어를 가르친다.
(24) 너의 의견(opinion)을 나에게 말해라. (tell)
(25) 저에게 택시를 불러주세요. (call)
(26) 그녀는 나에게 샌드위치(sandwich)를 하나 만들어 주었다.
(27) 어머니는 나를 위해서 새 드레스를 주문하셨다. (order)
(28) 저에게 좋은 부직(part-time job) 하나 구해주세요. (find)

I gave a book to Tom.   03

아래의 문장에서 (2-ㄱ)의 정보가치는 book에 있고 (2-ㄴ)의 정보가치는 me에 있다. 다시 말하면 (2-ㄱ)은 무엇을 주었는가를 밝히고자 하는 말이고 (2-ㄴ)은 누구에게 주었는가를 밝히고자 하는 말이다.

  (2-ㄱ)   He gave   me   a book   .
  (2-ㄴ)   He gave   a book   to me .

(2-ㄱ)= 그는 나에게 책을 주었다.   ※『book』을 힘주어 말해야 한다.
(2-ㄴ)= 그는 책을 나에게 주었다.   ※『me』를 힘주어 말해야 한다.

주의   영문 (2-ㄱ)에서는 book에 힘을 주어 말해야 하고 영문 (2-ㄴ)에서는 me에 힘을 주어 말해야 한다.

주의   I gave a book to + A』에서 A의 자리에 him, her, them, it 등을 사용하면 안 된다. 왜냐하면 A의 자리에 오는 말은 강조하고자 하는 말인데 him, her, them, it 등은 강조할 수 없는 말이기 때문이다. 그러므로 A의 자리에 him, her, them, it를 사용하는 것은 모순이다.

다시 말하면『너는 톰에게 무엇을 주었느냐?』라는 물음에 대한 대답은 (2-ㄱ)식으로 말해야 하고 『너는 책을 누구에게 주었느냐?』라는 물음에 대한 대답은 (2-ㄴ)식으로 대답해야 한다. 다음의 문답을 눈여겨보아라. 대답에서 ( ) 안에 있는 말은 생략할 수 있다.

[문] Mr. A : What did you give Tom? <너 톰에게 무엇을 주었느냐?>
[답] Mr. B : (I gave him) a book. <나는 그에게 책을 주었다.>

 ※ I gave a book to Tom. 이라고 대답하면 안 됨
 ※ I gave a book to him. 이라고 대답해도 안 됨

[문] Mr. A : Who(m) did you give a book? <너 누구에게 책을 주었니?>
[답] Mr. B : (I gave a book) to Tom. <나는 톰에게 책을 주었다.>

아래의 문장 (3-ㄴ)에서 for his wife 대신에 to his wife라고 할 수 없다.

(3-ㄱ)   He bought   his wife   a new car   .
(3-ㄴ)   He bought   a new car   for his wife.

(3-ㄱ)= 그는 자기의 아내에게 새 차를 사주었다.
(3-ㄴ)= 그는 새 차를 아내를 위하여 샀다. (새 차를 아내에게 사주었다)

 •앞쪽에서 말한 것 처럼 (3-ㄱ)은 a new car에 정보가치를 둔 문장이고
  (3-ㄴ)은 his wife에 정보가치를 둔 말이다.

아래의 동사 중에서 [A]그룹에 속하는 것은 (2-ㄴ)과 같은 문장을 만들 수 있는 동사이고 [B]그룹에 속하는 것은 (3-ㄴ)과 같은 문장을 만들 수 있는 동사다.
[B]그룹에 속하는 동사는 반드시 『~해주다』라고 해석해야 한다.

| A그룹동사 | I | gave | a book | to | Tom. | 톰에게 |
| B그룹동사 | I | bought | a book | for | Tom. | 톰을 위하여 |

[A] 그룹 to ~	bring do owe hand leave lend teach throw write	가져오다 하다 빚지다 건네(주)다 남기다 빌려주다 가르치다 던지다 쓰다	pass pay show read sell send tell wish take	건네주다 지불하다 보여주다 읽어주다 팔다 보내다 말하다 원하다 가져가다
[B] 그룹 for ~	buy choose build make	사주다 골라주다 지어주다 만들어 주다	call find get play	불러주다 찾아주다 구해다 주다 연주해주다

 주의 『~에게 ~를 물어보다』라는 문장에서는 to나 for 대신에 of 를 사용한다.

(4-ㄱ)   She asked   me   Tom's age.

(4-ㄴ)   She asked   Tom's age   of me.

(4-ㄱ)= 그녀는 나에게 톰의 나이를 물어보았다. (정보가치는 Tom's age임)
(4-ㄴ)= 그녀는 톰의 나이를 나에게 물어보았다. (하필이면 나에게)

연·습·문·제 32

ⓐ를 ⓑ로 고치려고 한다. 괄호( ) 안에 쓸 수 있는 것은 to, for, of 중에서 어느 것인가?

(1)	ⓐ He sold me the apples at a loss. ⓑ He sold the apples (　　) me at a loss.
(2)	ⓐ She will make me a new dress. ⓑ She will make a new dress (　　) me.
(3)	ⓐ Will you play me a waltz? ⓑ Will you play a waltz (　　) me?
(4)	ⓐ I sent Jane a present. ⓑ I sent a present (　　) Jane.
(5)	ⓐ He told the girls all about the fact. ⓑ He told all about the fact (　　) the girls.
(6)	ⓐ Can you get me a ticket? ⓑ Can you get a ticket (　　) me?
(7)	ⓐ Can you call me a taxi? ⓑ Can you call a taxi (　　) me?
(8)	ⓐ I showed Mother my report card. ⓑ I showed my report card (　　) Mother.
(9)	ⓐ Can you find me a part-time job? ⓑ Can you find a part-time job (　　) me?

* at a loss 손해를 보고, 밑지고　　* fact [fækt] 사실, 진실, 실제
* present 선물

(10)	ⓐ I asked Tom some questions. ⓑ I asked some questions (　　) Tom.
(11)	ⓐ This medicine will do you much good.　* do good 이익을 주다 ⓑ This medicine will do much good (　　) you.　* medicine 내복약
(12)	ⓐ My father left me a large fortune. ⓑ My father left a large fortune (　　) me.
(13)	ⓐ He taught the boys English. ⓑ He taught English (　　) the boys.

(14)	ⓐ Mother bought me a new bicycle. ⓑ Mother bought a new bicycle (　　) me.
(15)	ⓐ Please pass me the salt.　* salt 소금 ⓑ Please pass the salt (　　) me.
(16)	ⓐ He lent me 100 dollars. ⓑ He lent 100 dollars (　　) me.
(17)	ⓐ He owes me 100 dollars.　* owe [ou] 빚지다 ⓑ He owes 100 dollars (　　) me.

― 격언

"Little by little one goes far."
천리 길도 한 걸음부터.

"One's home is one's capital."
정들면 고향.

※ One = 불특정의 사람을 의미한다. 즉, 막연히 "우리"라는 뜻이다.
「One's」는 one의 소유격이다.

 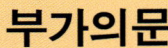 부가의문 04

이제부터 배울 문장은 아래와 같은 문장이다.

	(가)	(나) 부가의문
(5-ㄱ)	그이는 용감하다,	그렇지 않니?
(5-ㄴ)	그이는 용감하지 않다,	그렇지?
(5-ㄷ)	제인은 수영할 수 있다,	그렇지 않니?
(5-ㄹ)	제인은 수영할 수 없다,	그렇지?

위의 4개의 문장에서 (나)에 있는 말을 부가의문이라 부른다.
영어로는 다음과 같이 말한다.

	(가)		(나)	
(5-ㄱ)= He	is	brave,	isn't	he?
(5-ㄴ)= He	is not	brave,	is	he?

	(가)		(나)	
(5-ㄷ)= Jane	can	swim,	can't	she?
(5-ㄹ)= Jane	can not	swim,	can	she?

※ (가)가 긍정이면 (나)는 부정이고 (가)가 부정이면 (나)는 긍정이다.

(6-ㄱ) 톰은 돌아올 것이다, 그렇지 않니?
(6-ㄴ) 톰은 돌아오지 않을 것이다, 그렇지? } 의 비교

(6-ㄱ)= Tom will come back, won't he?
(6-ㄴ)= Tom will not come back, will he?

* won't [wount]는 will not을 줄인 것이다.

(7-ㄱ) 그녀는 교사였다, 그렇지 않니?
(7-ㄴ) 그녀는 교사가 아니었다, 그렇지? } 의 비교

　　　　　　　　(가)　　　　　　　　(나)
(7-ㄱ)= She was a teacher, wasn't she?
(7-ㄴ)= She was not a teacher, was she?

is, am, are, was, were, can, will, must가 없는 문장의 부가의문은 do나 does나 did를 이용하여 부가의문을 만든다.

(8-ㄱ) 제인은 커피를 좋아한다, 그렇지 않니?
(8-ㄴ) 제인은 커피를 좋아하지 않는다, 그렇지? } 의 비교

(8-ㄱ)= Jane likes coffee, doesn't she?
(8-ㄴ)= Jane does not like coffee, does she?

(9-ㄱ) 그 소년들은 열심히 공부한다, 그렇지 않니?
(9-ㄴ) 그 소년들은 열심히 공부하지 않는다, 그렇지? } 의 비교

(9-ㄱ)= The boys study hard, don't they?
(9-ㄴ)= The boys do not study hard, do they?

(10-ㄱ) 제인은 열심히 공부했다, 그렇지 않니?
(10-ㄴ) 제인은 열심히 공부하지 않았다, 그렇지? } 의 비교

(10-ㄱ)= Jane studied hard, didn't she?
(10-ㄴ)= Jane did not study hard, did she?

명령문의 부가의문은 **will you**이고 『Let's ~』의 부가의문은 **shall we**이다.

(11-ㄱ) 담배 좀 끊어라, 그래주겠지?
(11-ㄴ) 여기에서 담배 좀 피우지 마라, 그래주겠지? } 의 비교

(11-ㄱ)= Give up smoking, will you?
(11-ㄴ)= Don't smoke here, will you?

(12-ㄱ) 산책하러 가자, 그렇게들 하겠지?
(12-ㄴ) 당장 출발하자, 그렇게들 하겠지? } 의 비교

(12-ㄱ)= Let's go for a walk shall we?
(12-ㄴ)= Let's start at once, shall we?

shall은 [ʃəl] 또는 [ʃæl]이라고 읽는다. 그런데 shall은 주어가 I나, we인 문장에서 will 대신에 사용되는 말이다. 예를 들면 다음과 같다.

(13-ㄱ)	Tom	will	pass the exam.
(13-ㄴ)	Jane	will	pass the exam.
(13-ㄷ)	You	will	pass the exam.
(13-ㄹ)	I	shall	pass the exam.
(13-ㅁ)	We	shall	pass the exam.

(13-ㄱ)= 톰은 그 시험에 합격할 것이다.
(13-ㄴ)= 제인은 그 시험에 합격할 것이다.
(13-ㄷ)= 너는 그 시험에 합격할 것이다.
(13-ㄹ)= 나는 그 시험에 합격할 것이다. (I will ~이라고 해도 된다.)
(13-ㅁ)= 우리들은 그 시험에 합격할 것이다. (We will ~이라고 해도 된다.)

(6) (8) (9)에서 이미 예시한 것처럼 인칭대명사만이 부가의문의 주어가 될 수 있다.

(14-ㄱ)	Tom	is honest, isn't	he?	Tom ⇨ he
(14-ㄴ)	Jane	is honest, isn't	she?	Jane ⇨ she

※ Isn't Tom? 이라고 하면 안 됨
※ Isn't Jane? 이라고 하면 안 됨

(15-ㄱ)	The books	are interesting, aren't	they?	the books ⇨ they
(15-ㄴ)	The book	is interesting, isn't	it?	the book ⇨ it

 ## 부가의문의 억양 (인토네이션)

(가) 자기의 말이나 생각이 옳다는 확신으로 상대방에게 주의를 주거나 질책하려 할 때, 또 상대방으로부터 확인을 구하고자 할 때는 문장의 끝을 내려서 말해야 한다.

 (16-ㄱ) You don't smoke, do you? (확인)
  자네 담배 안 피우지 않아? (내 말이 맞지?)

 (16-ㄴ) She is your teacher, isn't she? (확인, 또는 질책)
  그녀가 너의 선생님이시지? (선생님한테 그따위 버릇없는 짓을 하면 안 돼)

(나) 자기가 하고 있는 말에 확신이 가지 않아서 상대방으로부터 정확한 지식이나 정보를 얻고자 하는 경우에는 문장의 끝을 올려서 말해야 한다.

 (16-ㄷ) You passed the exam, didn't you?
  자네 그 시험에 합격했는가, 아니면 떨어졌는가?

(다) 사교상의 인사는 문장의 끝을 내려서 말해야한다. 이것은 물어보는 말이 아니다.

 (16-ㄹ) It's a fine day, isn't it? 날씨 좋네요.

연·습·문·제 33

아래 문장의 부가의문을 쓰시오.

(1-a) Tom is busy, _____?
(1-b) Tom is not busy, _____?
(2-a) Your aunt was a teacher, _____?
(2-b) Your aunt was not a teacher, _____?
(3-a) The farmers were poor, _____?
(3-b) The farmers were not poor, _____?
(4-a) The dog is clever, _____?
(4-b) These cars are not expensive, _____?

(5-a) You can play the piano very well, _____?
(5-b) You cannot play the piano at all, _____?
(6-a) Tom will pass the exam, _____?
(6-b) Tom will not pass the exam, _____?
(7-a) You must go there, _____?
(7-b) You need not go there, _____?
(8-a) Mr. Brown called on you yesterday, _____?
(8-b) Mr. Brown did not call on you yesterday, _____?

(9-a) This kimchi is hot, _____?
(9-b) These apples are not sour, _____?
(10-a) Your father does not live in Seoul, _____?
(10-b) Your father lives in Seoul, _____?
(11-a) Don't play in the garden, _____?
(11-b) Play in the garden, _____?
(12-a) Let's play soccer, _____?

* **not at all** 전혀 ~하지 않다   * **call on** 방문하다   * **hot** 매운, 더운, 뜨거운
* **sour** 신, 시큼한

too [tu:]와 either [í:ðə]   06

too 나 either는 둘 다 『~도 역시』라는 뜻을 가지고 있는데 too는 긍정문에 사용되고 either는 부정문에 사용된다.

(17-ㄱ) 톰은 바쁘다. 제인도 역시 바쁘다.
(17-ㄴ) 톰은 바쁘지 않다. 제인도 역시 바쁘지 않다. } 의 비교

(17-ㄱ)= Tom is   busy. Jane is   busy, too.
(17-ㄴ)= Tom is not busy. Jane is not   busy, either.

(18-ㄱ) 제인은 열심히 공부한다. 나도 역시 열심히 공부한다.
(18-ㄴ) 제인은 열심히 공부 안한다. 나도 역시 열심히 공부 안한다. } 의 비교

(18-ㄱ)= Jane studies hard. I study hard, too.
(18-ㄴ)= Jane doesn't study hard. I don't study hard, either.

(19-ㄱ) 톰은 수영할 수 있다. 제인도 수영할 수 있다.
(19-ㄴ) 톰은 수영할 수 없다. 제인도 수영할 수 없다. } 의 비교

(19-ㄱ)= Tom can swim. Jane can swim, too.
(19-ㄴ)= Tom cannot swim. Jane cannot swim, either.

so [sou] 와 neither [níðə]   07

so나 neither는 둘 다 『~도 역시』라는 뜻을 가지고 있는데 so는 긍정문에 사용하고 neither는 부정문에 사용한다. too와 either는 문장의 가장 뒤에 사용하고 so 와 neither는 문장의 가장 앞에 사용한다.

(20-ㄱ) 톰은 바쁘다. 제인도 바쁘다.
(20-ㄴ) 톰은 바쁘지 않다. 제인도 바쁘지 않다. } 의 비교

(20-ㄱ)= Tom is busy. So is Jane.
(20-ㄴ)= Tom is not busy. Neither is Jane.

(21-ㄱ) 톰은 열심히 공부한다. 나도 그렇다.
(21-ㄴ) 톰은 열심히 공부하지 않는다. 나도 그렇다. } 의 비교

| (21-ㄱ)= | Tom | | studies | hard. | So | do I. |
| (21-ㄴ)= | Tom | does not | study | hard. | Neither | do I |

(22-ㄱ) 톰은 수영할 수 있다. 제인도 그렇다.
(22-ㄴ) 톰은 수영할 수 없다. 제인도 그렇다. } 의 비교

| (22-ㄱ)= | Tom | can | swim. | So | can Jane. |
| (22-ㄴ)= | Tom | can not | swim. | Neither | can Jane. |

아래 각 쌍의 문장은 동일한 뜻을 가지고 있다.

| Tom can swim. | Jane can, too. | too는 문미(文尾)에 사용하고 |
| Tom can swim. | So can Jane. | so는 문두(文頭)에 사용함 |

| Tom cannot swim. | Jane cannot, either. | either는 문미에 사용하고 |
| Tom cannot swim. | Neither can Jane. | neither는 문두에 사용함 |

격 언

"Seek, and you shall find"

찾아보아라. 그러면 찾게 될 것이다.

* **seek** 추구하다, 샅샅이 뒤지다

연·습·문·제 34

밑줄 친 곳(_____)에 적당한 말을 쓰시오.

(1) My mother is in the garden, and my father is in the garden, _____.
(2) My mother is in the garden, and _____ is my father.
(3) Tom : I am busy.   /   Jane : _____ am I.
(4) Tom : I am not hungry.   /   Jane : _____ am I.
(5) Tom likes soccer, and John likes soccer, _____.
(6) Tom likes soccer, and _____ does John.
(7) Tom does not like soccer, and John does not like soccer, _____.
(8) Tom does not like soccer, and _____ does John.
(9) Tom : I can speak Korean.
     Jane : I can speak Korean, _____.
(10) Tom : I cannot speak Korean.
     Jane : I cannot speak Korean, _____.

(11) Tom : I can speak Korean.
     Jane : _____ can I.
(12) Tom : I cannot speak Korean.
     Jane : _____ can I.
(13) Tom : I had a good time at the party.
     Jane : So _____ I.
(14) Tom : I did not go there.
     Jane : Neither _____ I.
(15) Tom : I'm doing my homework.
     Jane : So _____ my brother.
(16) Tom : I did not read the book.
     Jane : _____ did I

연·습·문·제 35

다음의 우리말을 영어로 말하시오.

(1)	Tom : 나는 직업(job)을 찾아보아야 해. (look for) John : 나도 그래.
(2)	Tom : 나의 형은 차가 필요해. John : 나의 형도 그래.
(3)	Tom : 나는 나의 어머니에게 편지를 썼다. John : 나도 그랬다.
(4)	Tom : 나의 누나는 정시에 오지 않았다. (on time 정시에) John : 나도 그랬다.
(5)	Tom : 나의 아버지는 일주일 있으면(in a week) 돌아올 것이다. John : 나의 아버지도 그래.
(6)	Tom : 나는 텔레비전을 그렇게 많이 보아서는 안 돼. John : 나도 그래. (watch so much TV)
(7)	Tom : 나는 오늘 아침 기분이 불쾌했어. (was in a bad mood) John : 나도 그랬어.
(8)	Tom : 나는 이 책을 이해할 수 있다. (can understand) John : 나도 이 책을 이해할 수 있다.
(9)	Tom : 나는 그 책을 사지 않겠어요. John : 나도 그 책을 사지 않겠어요.
(10)	Tom : 나는 나의 어머니에 대하여 긍지를 가지고 있다. John : 나도 그래. (be proud of~)

LESSON 6

LESSON 6

He ran across the street

단어 외우기 01

철자	발음기호	뜻	철자	발음기호	뜻
march	[ma:rtʃ]	행진하다	tunnel	[tʌnəl]	터널, 굴
crawl	[krɔ:l]	기어가다	crisis	[kráisis]	위기, 고비
cap	[kæp]	모자	wander	[wándər]	방황하다
coast	[koust]	해안선	forest	[fɔ́:rist]	숲
road	[roud]	길, 도로	travel	[trǽvəl]	여행하다
hole	[houl]	구멍	beach	[bi:tʃ]	해변
leg	[leg]	다리, 발	wagon	[wǽgən]	짐마차
rope	[roup]	밧줄, 동아줄	zigzag	[zígzæg]	z자형으로 걷다
steps	[steps]	계단	railroad	[réilroud]	철도
flow	[flou]	(물이) 흐르다	across	[əkrɔ́s]	~를 가로질러
sail	[seil]	항해하다	island	[áilənd]	섬
brook	[bru:k]	개울, 개천	canal	[kənǽl]	운하
root	[ru:t]	뿌리	get	[get]	받다, 얻다
climb	[kláim]	~를 오르다	jump	[dʒʌmp]	뛰다
leaf	[li:f]	잎	stride	[straid]	활보하다
start	[sta:rt]	출발(시작)하다,	toward	[təwɔ́:rd]	~쪽으로
earth	[ə:rθ]	지구, 땅	through	[θru:]	~를 통하여
cave	[keiv]	동굴	along	[əlɔ́:ŋ]	~를 따라

전치사의 역할

전치사가 무슨 역할을 하는지 눈여겨보아라.

	주어	동사	전치사	전치사의 목적어
(1-ㄱ)	Tom	ran	into	the tunnel.
(1-ㄴ)	Tom	ran	to	the tunnel.
(1-ㄷ)	Tom	ran	toward	the tunnel.
(1-ㄹ)	Tom	ran	through	the tunnel.
(1-ㅁ)	Tom	ran	out of	the tunnel.
(1-ㅂ)	Tom	ran	along	the street.
(1-ㅅ)	Tom	ran	across	the street.
(1-ㅇ)	Tom	ran	up	the hill.
(1-ㅈ)	Tom	ran	down	the hill.
(1-ㅊ)	Tom	ran	(a)round	the track.

(1-ㄱ)= 톰은 그 터널 속으로 달려 들어갔다.
(1-ㄴ)= 톰은 그 터널까지 달려갔다.
(1-ㄷ)= 톰은 그 터널 쪽으로 달려갔다.
(1-ㄹ)= 톰은 그 터널을 달려서 통과했다.
(1-ㅁ)= 톰은 그 터널 밖으로 달려서 나왔다.
(1-ㅂ)= 톰은 그 거리를 따라 달렸다. (= 그 거리를 달렸다)
(1-ㅅ)= 톰은 그 거리를 가로질러 달렸다. (= 뛰어 건너갔다)
(1-ㅇ)= 톰은 그 산 위로 달려갔다. (=뛰어 올라갔다)
(1-ㅈ)= 톰은 그 산 아래로 달려갔다. (= 그 산을 뛰어 내려갔다)
(1-ㅊ)= 톰은 그 트랙의 둘레를 달렸다. (= 그 트랙을 달렸다)

(가) 전치사는 행동의 양태를 나타낸다. 예를 들면 바깥에서 안쪽으로 향하는 행동에는
『동사 + into ~』를 사용한다.

방으로 달려 들어가다 ⇨	달리다 (run)	+	into	그 방
동굴에 날아 들어가다 ⇨	날다 (fly)	+	into	그 동굴
구멍에 기어 들어가다 ⇨	기어가다 (crawl)	+	into	그 구멍

Tom	ran	into	the tunnel.	<톰은 그 터널 속으로 달려 들어갔다.>
A bee	flew	into	the room.	<벌 한 마리가 그 방안으로 날아 들어왔다.>
He	crawled	into	the cave.	<그는 그 동굴 안으로 기어 들어갔다.>

(나) 안쪽에서 밖으로 향하는 행동에는 『동사 + out of ~』를 사용한다.

방에서 달려 나가다 ⇨	달리다	+	out of	그 방
동굴에서 날아서 나오다 ⇨	날다	+	out of	그 동굴
구멍에서 기어 나가다 ⇨	기어가다	+	out of	그 구멍

Tom	ran	out of	his room.	<톰은 자기 방에서 뛰어 나갔다.>
Bats	flew	out of	the cave.	<박쥐들이 그 동굴 밖으로 나왔다.>
He	crawled	out of	the hole.	<그는 그 구멍에서 기어 나왔다.>

(다) 통과하는 행동에는 『동사 + through ~』를 사용한다.

배를 타고 운하를 통과하다 ⇒	항해하다 (sail) + through	그 운하
헤맨 끝에 숲을 통과하다 ⇒	헤매다 (wander) + through	그 숲
(한강이) 서울을 통과하다 ⇒	흐르다 (flow) + through	서울
위기를 지나다 ⇒	지나다 (pass) + through	위기
(총알이) 가슴을 지나다 ⇒	달리다 (run) + through	~의 가슴

through에는 어떤 행동을 통하여 무엇인가를 관통하는 의미가 있다.
한쪽에서 다른 쪽으로 뚫고나가는 행위에는 꼭 through가 있어야 한다.

주어	동사	전치사	명사	뜻
We	sailed	through	the canal.	우리들은 배를 타고 그 운하를 통과했다.
They	wandered	through	the forest.	그들은 그 숲을 헤매다가 빠져나갔다.
It	flows	through	Seoul.	그것은 서울 한 복판을 흘러 지난다.
We	passed	through	a crisis.	우리들은 위기를 통과했다.
A bullet	ran	through	his heart.	총알이 그의 심장을 꿰뚫었다.

(라) 『도로, 가장자리, 선』이라고 생각할 수 있는 것, 예를 들면 길, 강둑, 밧줄, 장대, 가리마, 차선 등 선으로 되어 있는 것을 따라 벌어지는 행동을 나타내고자 하는 경우에는 『동사+ along ~』을 사용한다.

along은 『 a (=on) + long 』에서 유래한 말이다.

철도를 달리다 ⇒	달리다 (run) + along	그 철도
강둑을 거닐다 ⇒	걷다 (walk) + along	그 강둑
해안선을 따라 항해하다 ⇒	항해하다 (sail) + along	그 해안선
종로를 달리다 ⇒	달리다 (run) + along	종로

이러한 것들에 대하여 158쪽에서 자세히 설명한다.

 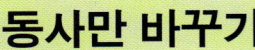

동사만 바꾸기

아래의 문장에서는 동사만 다를 뿐 나머지는 모두 동일하다.

	주어	동사	전치사	전치사의 목적어
(2-ㄱ)	We	must go	to	the coast.
(2-ㄴ)	We	walked	to	the coast.
(2-ㄷ)	We	can drive	to	the coast.
(2-ㄹ)	We	ran	to	the coast.
(2-ㅁ)	We	marched	to	the coast.
(2-ㅂ)	We	must stride	to	the coast.
(2-ㅅ)	We	zigzagged	to	the coast.
(2-ㅇ)	We	can not crawl	to	the coast.
(2-ㅈ)	We	are going to fly	to	the coast.
(2-ㅊ)	We	limped	to	the coast.
(2-ㅋ)	We	galloped	to	the coast.

(2-ㄱ)= 우리들은 해변까지 가야 한다.
(2-ㄴ)= 우리들은 해변까지 걸어갔다.
(2-ㄷ)= 우리들은 해변까지 차로 달려갈 수 있다.
(2-ㄹ)= 우리들은 해변까지 달려갔다.
(2-ㅁ)= 우리들은 해변까지 행진(군)해 갔다.
(2-ㅂ)= 우리들은 해변까지 힘차게 걸어가야 한다.
(2-ㅅ)= 우리들은 해변까지 지그재그로 갔다(z자 형태로 갔다).
(2-ㅇ)= 우리들은 해변까지 기어갈 수 없다.
(2-ㅈ)= 우리들은 해변까지 날아갈 작정이다.
(2-ㅊ)= 우리들은 해변까지 절뚝거리며 갔다.
(2-ㅋ)= 우리들은 해변까지 전속력으로 질주했다. (말을 타고)

* gallop [gǽləp] (말이나 기수가) 질주하다, 전속력으로 달리다

또 하나의 예를 들어본다. 다음의 문장도 동사만 다르다.

	주어	동사	전치사	전치사의 목적어
(3-ㄱ)	They	will go	across	the field.
(3-ㄴ)	They	walked	across	the field.
(3-ㄷ)	They	can drive	across	the field.
(3-ㄹ)	They	ran	across	the field.
(3-ㅁ)	They	marched	across	the field.
(3-ㅂ)	They	strode	across	the field.
(3-ㅅ)	They	zigzagged	across	the field.
(3-ㅇ)	They	cannot crawl	across	the field.
(3-ㅈ)	They	are going to fly	across	the field.
(3-ㅊ)	They	limped	across	the field.
(3-ㅋ)	They	galloped	across	the field.

(3-ㄱ)= 그들은 그 들녘을 건너갈 것이다.
(3-ㄴ)= 그들은 그 들녘을 걸어서 건너갔다.
(3-ㄷ)= 그들은 그 들녘을 자동차를 몰고 건너갈 수 있다.
(3-ㄹ)= 그들은 그 들녘을 달려서 건너갔다.
(3-ㅁ)= 그들은 그 들녘을 행진해서 건너갔다.
(3-ㅂ)= 그들은 그 들녘을 힘찬 걸음으로 건너갔다.
(3-ㅅ)= 그들은 그 들녘을 갈지자(之=갈지)형으로 건너갔다.
(3-ㅇ)= 그들은 그 들녘을 기어서 건너갈 수 없다.
(3-ㅈ)= 그들은 그 들녘을 날아서 건너갈 예정이다.
(3-ㅊ)= 그들은 그 들녘을 절뚝거리며 건너갔다.
(3-ㅋ)= 그들은 그 들녘을 말을 타고 전속력으로 건너갔다.

전치사의 활용   04

§1. **across**에 대하여 더 알아보자

어느 한쪽에서 다른 쪽으로 건너는 행동에는 **across**를 사용한다.

(4-ㄱ)	배로 대서양을 건너다	= 항해하다 (sail) +	across	대서양
(4-ㄴ)	뛰어 그 거리를 건너다	= 뛰다 (run) +	across	그 거리
(4-ㄷ)	걸어서 그 거리를 건너다	= 걷다 (walk) +	across	그 거리
(4-ㄹ)	하늘을 날아가다	= 날다 (fly) +	across	하늘
(4-ㅁ)	헤엄쳐 강을 건너다	= 헤엄치다 (swim) +	across	그 강

위의 우리말을 영어로 표현하면 다음과 같다.

(4-ㄱ)=	sail	(항해하다)	across	the Atlantic
(4-ㄴ)=	run	(달리다)	across	the street
(4-ㄷ)=	walk	(걷다)	across	the street
(4-ㄹ)=	fly	(날다)	across	the sky
(4-ㅁ)=	swim	(수영하다)	across	the river

다음 문장을 비교해 보자.

(4-ㅂ)	A kite	is flying	in	the sky.
(4-ㅅ)	Wild geese	are flying	across	the sky.

(4-ㅂ)= 연이 하늘에서 날고 있다.
(4-ㅅ)= 기러기들이 하늘을 날아가고 있다.

(4-ㅇ)	He	is swimming	in	the river.
(4-ㅈ)	He	is swimming	across	the river.

(4-ㅇ)= 그는 그 강에서 수영하고 있다.
(4-ㅈ)= 그는 그 강을 헤엄쳐 건너가고 있다.

§2. through에 대하여 더 알아보자

어느 한쪽에서 다른 쪽으로 통과하거나 관통하는 행동에는 **through**를 사용한다.

(5-ㄱ)	(총알이) 그이의 가슴을 뚫다	⇒	가다, 달리다	+	through	~의 가슴
(5-ㄴ)	(길이) 그 마을을 지나다	⇒	달리다	+	through	그 마을
(5-ㄷ)	(한강이) 서울 한복판을 지나다	⇒	흐르다	+	through	서울
(5-ㄹ)	(기차가) 터널을 지나다	⇒	달리다	+	through	그 터널
(5-ㅁ)	구멍을 지나다	⇒	가다	+	through	그 구멍
(5-ㅂ)	문에 구멍을 내다	⇒	뚫다 + 구멍	+	through	그 문
(5-ㅅ)	산에 터널을 뚫다	⇒	뚫다 + 터널	+	through	그 산
(5-ㅇ)	(개가) 생울타리를 기어나가다	⇒	기다	+	through	그 생울타리

(5-ㄱ)= go (run)　　　　　through　his heart
(5-ㄴ)= run　　　　　　　through　the village
(5-ㄷ)= flow　　　　　　　through　Seoul
(5-ㄹ)= run　　　　　　　through　the tunnel
(5-ㅁ)= go　　　　　　　through　the hole
(5-ㅂ)= bore　　a hole　　through　the door
(5-ㅅ)= cut (bore)　a tunnel　through　the hill
(5-ㅇ)= creep　　　　　　through　the hedge

Bonus　car의 종류

diesel	car	디젤차	luxury	car	호화로운 차
compact	car	소형 자동차	used	car	중고차
electric	car	전기 자동차	getaway	car	도주 차량
hybrid	car	하이브리드 차	private	car	자가용 차
mid-size	car	중형 자동차	police, patrol	car	경찰차
motor	car	자동차	salon	car	세단 차
petrol	car	휘발유 차	fuel-efficient	car	연비 좋은 차
sports	car	스포츠카	stolen	car	도난당한 차

§3. along에 대하여 더 알아보자

선(線)이라고 생각할 수 있는 것, 예를 들면 해안선, 철도, 길, 강둑, 어떤 사물의 가장자리, 국경선, 가리마, 난간 등을 따라 벌어지는 행동에는 **along**을 사용한다.

(6-ㄱ)	그 거리를 달리다	⇒	달리다	along	그 거리
(6-ㄴ)	강둑을 따라 달리다	⇒	달리다	along	그 강둑
(6-ㄷ)	해변을 따라 드라이브하다	⇒	운전하다	along	그 해변
(6-ㄹ)	물가를 따라 거닐다	⇒	걷다	along	그 물가
(6-ㅁ)	개울을 따라 달리다	⇒	달리다	along	그 개울
(6-ㅂ)	국경선에 철조망을 치다	⇒	설치하다 + 철조망	along	그 국경선
(6-ㅅ)	(꽃이) 길의 변에 자라다	⇒	자라다	along	그 길

(6-ㄱ)= run   along the street
(6-ㄴ)= run   along the riverbank
(6-ㄷ)= drive   along the coast
(6-ㄹ)= walk   along the shore
(6-ㅁ)= run   along the brook
(6-ㅂ)= set hedgehogs along the border
(6-ㅅ)= grow   along the road

* hedgehogs [hédʒhág] 철조망 장애물

§4. up에 대하여 더 알아보자

위쪽으로 향하는 행동은 up으로 나타낸다. up the street는 <거리를 따라 시내 쪽으로> 라는 뜻이다. 그 반대는 down the street(=교외 쪽으로)이다.

(7-ㄱ)	사다리를 올라가다	⇒	가다	+	up	그 사다리
(7-ㄴ)	산을 올라가다	⇒	가다	+	up	그 산
(7-ㄷ)	계단을 올라가다	⇒	가다	+	up	그 계단
(7-ㄹ)	나무를 뛰어 올라가다	⇒	뛰다	+	up	그 나무
(7-ㅁ)	배를 타고 강을 올라가다	⇒	항해하다	+	up	그 강
(7-ㅂ)	거리를 따라 시내 쪽으로 가다	⇒	가다	+	up	그 거리

(7-ㄱ)= go   up   the ladder
(7-ㄴ)= go   up   the hill
(7-ㄷ)= go   up   the steps
(7-ㄹ)= run up   the tree
(7-ㅁ)= sail up   the river
(7-ㅂ)= go   up   the street

PREMIUM 9. 'up'의 쓰임

up에는 전부, 몽땅, 철저하게, 모조리, 바싹이라는 뜻도 있다.

	Speak up	!	<몽땅 다 말해버리세요.>
	Shut up	!	<입 닥쳐!>
	Eat up	the cake.	<그 케이크 몽땅 먹어라.>
The river	dried up	.	<강물이 바싹 말라버렸다.>
	Run up	to him.	<그에게 바싹 다가가라.>
	Tie up	the package.	<그 짐을 꽁꽁 묶어라.>

§5. down에 대하여 더 알아보자

아래쪽으로 향하는 행동은 down으로 나타낸다.

(8-ㄱ)	산을 내려가다	⇒	가다	+	down	그 산
(8-ㄴ)	계단을 뛰어내려가다	⇒	뛰다	+	down	그 계단
(8-ㄷ)	계단을 기어 내려가다	⇒	기다	+	down	그 계단
(8-ㄹ)	(눈물이) 그녀의 뺨을 흘러내리다	⇒	달리다	+	down	~의 뺨
(8-ㅁ)	배를 타고 강 하류로 가다	⇒	항해하다	+	down	그 강
(8-ㅂ)	벼랑 아래로 굴러 떨어지다	⇒	넘어지다	+	down	그 벼랑

* down the street = 거리를 따라 시내에서(중심부에서) 변두리 쪽으로

(8-ㄱ)=	go	down	the hill
(8-ㄴ)=	run	down	the steps
(8-ㄷ)=	crawl	down	the steps
(8-ㄹ)=	run	down	her cheeks
(8-ㅁ)=	sail	down	the river
(8-ㅂ)=	tumble	down	the cliff

PREMIUM 10. 'down'의 쓰임

Down에는 몰락, 쇠퇴, 진정, 약화 등을 나타내는 경우도 있다.

She	is	down.	<그녀는 몸이 쇠약해졌다.>
The wind	died	down.	<바람이 잤다.>
The sun	is	down.	<해가 졌다.>
The temperature	is	down.	<기온이 내려갔다.>
The stock	is	down.	<그 주가가 내려갔다.>

§6. round에 대하여 더 알아보자

어떤 행동이 원의 형태로 벌어지면 round를 사용한다. round 대신에 around를 사용할 수 있다. * (a)round (1) ~의 둘레에 (2) ~를 일주하여

(9-ㄱ)	세계를 두루두루 돌아다니다	⇒	돌아다니다		around	세계
(9-ㄴ)	그 집 둘레를 뛰어 돌다	⇒	뛰다		around	그 집
(9-ㄷ)	(지구가) 태양을 돌다	⇒	가다		around	태양
(9-ㄹ)	세계 일주 항해하다	⇒	항해하다		around	세계
(9-ㅁ)	그 트랙을 뛰어서 돌다	⇒	뛰다		around	그 트랙
(9-ㅂ)	(울타리가) 집을 둘러싸다	⇒	달리다		around	그 집
(9-ㅅ)	(그녀가) 나의 목을 껴안다	⇒	놓다	팔	around	나의 목
(9-ㅇ)	나무에 밧줄을 감다	⇒	묶다	밧줄	around	그 나무
(9-ㅈ)	불 둘레에 앉다	⇒	앉다		around	그 불
(9-ㅊ)	차로 모퉁이를 돌다	⇒	운전하다		around	모퉁이

(9-ㄱ)=	travel (or go)		round (or around)	the world
(9-ㄴ)=	run		round (or around)	the house
(9-ㄷ)=	go (or move)		round (or around)	the sun
(9-ㄹ)=	sail		round (or around)	the world
(9-ㅁ)=	run		round (or around)	the track
(9-ㅂ)=	run		round (or around)	the house
(9-ㅅ)=	put	her arms	around (or round)	my neck
(9-ㅇ)=	tie	a rope	around (or round)	the tree
(9-ㅈ)=	sit		around (or round)	the fire
(9-ㅊ)=	drive		round (or around)	the corner

주의 round는 주위를 도는 운동을 나타내는 동사와 함께 사용하는 경향이 강하고 around는 정지하고 있는 주위의 위치를 나타내는 경향이 강하나 미국 영어에서는 이것을 구별하지 않는 경향이 있다.

§7. from에 대하여 더 알아보자

출발 또는 시발점이 되는 장소, 사람, 시간 등은 from으로 나타낸다. 즉, from A는 『A로부터』라고 해석한다. from의 반대말은 to이다. to의 뜻은 『~까지』이다. 즉, to A의 뜻은 『A까지』이다.
이 경우 A가 사람이면 『A에게』라고 해석해야 한다.

(10-ㄱ)	감옥에서 도주하다	⇨ 도주하다		from	감옥
(10-ㄴ)	인천에서 출항하다	⇨ 항해하다		from	인천
(10-ㄷ)	집에서 출발하다	⇨ 출발하다		from	집
(10-ㄹ)	하늘에서 떨어지다	⇨ 떨어지다		from	하늘
(10-ㅁ)	그로부터 편지를 받다	⇨ 받다	편지	from	그이
(10-ㅂ)	기차에서 뛰어내리다	⇨ 뛰다	아래로	from	기차
(10-ㅅ)	(그는)집에서 멀리 있다	⇨ 있다	멀리	from	집
(10-ㅇ)	부산에 가다	⇨ 가다		to	부산
(10-ㅈ)	그에게 공을 던지다	⇨ 던지다	공을	to	그이 (him)
(10-ㅊ)	그에게 편지를 쓰다	⇨ 쓰다	(편지)	to	그이 (him)
(10-ㅋ)	끝까지 싸우다	⇨ 싸우다		to	끝 (the end)

* escape [iskéip] 달아나다, 도피하다

(10-ㄱ)=	escape		from	prison
(10-ㄴ)=	sail		from	Incheon
(10-ㄷ)=	start		from	home
(10-ㄹ)=	fall		from	the sky
(10-ㅁ)=	get	a letter	from	him
(10-ㅂ)=	jump	down	from	the train
(10-ㅅ)=	is (am)	a long way	from	his home
(10-ㅇ)=	go		to	Busan
(10-ㅈ)=	throw	a ball	to	him
(10-ㅊ)=	write	(a letter)	to	him
(10-ㅋ) =	fight		to	the end

연·습·문·제 36

다음 문장을 해석하시오.

(1)	He	went		into	the room.
(2)	He	dived		into	the water.
(3)	He	drove	me	into	the corner.
(4)	She	looked		into	the show window.
(5)	He	came		out of	the room.
(6)	He	ran		out of	the room.
(7)	He	ran		out of	the house.
(8)	Fish	cannot live		out of	water.

(9)	He	ran	across	the street.
(10)	She	rode	across	the field.
(11)	He	can swim	across	the river.
(12)	My uncle	lives	across	the river.
(13)	He	walked	through	the tunnel.
(14)	He	ran	through	the tunnel.
(15)	A bird	flew	through	the tunnel.
(16)	The Han River	flows	through	Seoul.

* dive 잠수하다   * show window 진열장   * look into 들여다보다, 조사하다
* fish 물고기, 생선   * out of water 물 밖에서
* across the river 그 강 건너편에   * flew [flu:] fly <날다>의 과거

(17)	You	must not bore	a hole	through	the door.
(18)	They	cut	a tunnel	through	the hill.
(19)	Two tunnels	run		through	the hill.
(20)	The road	goes		through	the village.

(21)	He	ran	along	the street.
(22)	We	drove	along	the beach.
(23)	Cosmos	grew	along	the riverbank.
(24)	They	ran	along	the brook.

* beach 해변, 바닷가   * cosmos 코스모스   * brook 개울, 시냇물
* riverbank 강둑

(25)	They	sailed	along	the coast.
(26)	He	rode (a bicycle)	along	the road.
(27)	They	walked	along	the shore.
(28)	They	sailed	up	the Hudson.
(29)	We	are going to climb	up	the mountain.
(30)	I	used to go	up	the steps.
(31)	The cat	ran	up	a tree.

* coast 해안선   * shore 물가   * The Hudson 허드슨 강
* climb 오르다   * steps 계단

(32)	He	walked	up	the street.
(33)	He	went	up	the ladder.
(34)	They	sailed	down	the Hudson.
(35)	He	crawled	down	the steps.
(36)	Tears	ran	down	her face.
(37)	They	are going	down	the hill
(38)	He	is walking	down	the street.
(39)	He	drove	down	the street.

* ladder 사다리   * tear [tiər] 눈물

(40)	He	traveled		round	the world.
(41)	The earth	goes (moves)		round	the sun.
(42)	They	sailed		round	the world.
(43)	Mother	put	her arms	around	my neck.
(44)	A fence	used to run		around	the house.
(45)	We	sat		around	the fire.
(46)	He	ran		round	track.
(47)	He	tied	a rope	around	the tree.

* travel [trǽvəl] 여행하다, 나아가다, 돌아다니다   * put 놓다   * arm 팔
* neck 목   * fence 울타리   * track 트랙, 자국   * tie [tai] 묶다, 결박하다

(48)	He	escaped		from	prison.
(49)	I	come		from	Gunsan.
(50)	He	started		from	Seoul.
(51)	He	worked		from	morning till night.
(52)	It	is	ten miles	from	here to the park.
(53)	He	lived	in Seoul	from	a child.
(54)	He	got	a letter	from	her.
(55)	He	lives		from	hand to mouth.
(56)	You	must fight		to	the end.
(57)	He	spoke		to	me in English.
(58)	I	wrote	a letter	to	him.
(59)	I	said	good-bye	to	her.
(60)	I	threw	a ball	to	Tom.

* from hand to mouth 근근히   * in English 영어로
* say good-bye to ~에게 작별인사하다

Bonus   여러가지 body (몸, 신체)

fat	body	비대한 몸	whole	body	전신(全身)
thin	body	마른 몸	lower	body	하체(下體)
lean	body	여윈 몸	upper	body	상체(上體)
slender	body	호리호리한 몸	fit	body	알맞은 체격
slim	body	날씬한 몸	healthy	body	건강한 신체
tiny	body	왜소한 체구	muscular	body	근육질 신체
naked (nude)	body	나체	female	body	여성의 신체

공통요소의 생략   05

공통부분은 생략한다. 아래 문장이 가지고 있는 공통부분은 『그는 달려갔다』이다.

(11-ㄱ) 그는 자기의 방에서 뛰어나왔다.
(11-ㄴ) 그는 대문을 줄달음으로 지나갔다.
(11-ㄷ) 그는 다리를 달려서 건너갔다.
(11-ㄹ) 그는 그 길을 달렸다.
(11-ㅁ) 그는 그녀의 집까지 달려갔다.
(11-ㅂ) 그는 자기의 방에서 뛰어나와 줄달음으로 대문을 지나고 다리를 건너 그녀의 집까지 달려갔다.

※ (11-ㄱ)부터 (11-ㅁ)까지의 문장을 하나의 문장으로 결합하면 (11-ㅂ)이 된다.

	공통부분		
(11-ㄱ)=	He ran	out of	his room.
(11-ㄴ)=	He ran	through	the gate.
(11-ㄷ)=	He ran	across	the bridge.
(11-ㄹ)=	He ran	along	the road.
(11-ㅁ)=	He ran	to	her house.
(11-ㅂ)=	He ran	out of	his room,
		through	the gate,
		across	the bridge,
		along	the road, (and)
		to	her house.

<그리하여 마침내 살금살금 그녀의 집에 들어갔다>를 더 보태려면 (11-ㅂ)뒤에 다음의 문장을 보태면 된다.

He ran out of his room, through the gate, across the bridge, along the road, to her house, and at last tiptoed into her house.

* at last 마침내

또 하나의 예문을 봅시다. 아래 문장이 가지고 있는 공통부분은 『그들은 항해했다』이다.

(12-ㄱ) 그들은 부산에서 출항했다. (부산으로부터 항해했다)
(12-ㄴ) 그들은 동해와 태평양을 횡단했다.
(12-ㄷ) 그들은 미국의 서부 해안선을 끼고 항해했다.
(12-ㄹ) 그들은 파나마 운하를 통과했다.
(12-ㅁ) 그들은 대서양에 진입했다.
(12-ㅂ) 그들은 부산으로부터 출항하여 동해와 태평양을 건너 미국의 서부 해안선을 끼고 항해한 끝에 파나마 운하를 거쳐 대서양에 진입했다.

※ (12-ㄱ)부터 (12-ㅁ)까지를 (12-ㅂ)과 같이 한 개의 문장으로 결합할 수 있다.

이것을 영어로는 다음과 같이 말하면 된다.

(12-ㄱ)=	They sailed	from	Busan.
(12-ㄴ)=	They sailed	across	the East Sea and the Pacific.
(12-ㄷ)=	They sailed	along	the west coast of America.
(12-ㄹ)=	They sailed	through	the Panama Canal.
(12-ㅁ)=	They sailed	into	the Atlantic Ocean.
(12-ㅂ)=	They sailed	from	Busan,
		across	the East Sea and the Pacific,
		along	the west coast of America,
		through	the Panama Canal, and (at last)
		into	the Atlantic Ocean.

* sea 바다   * the Pacific [pəsífik] 태평양   * west 서쪽에 있는
* Panama [pǽnəmɑ] 파나마   * canal [kənǽl] 운하
* Atlantic [ətlǽntik] 대서양의   * ocean [óuʃən] 대양

연·습·문·제 37

다음의 우리말을 영어로 말하시오.

(1) 그는 그 방에 뛰어 들어갔다.
(2) 그는 그 동굴(cave)에 기어 들어갔다.
(3) 그는 그 동굴에서 뛰어 나왔다.
(4) 그는 그 편지를 휴지통에(wastebasket) 던져(threw) 넣었다.
(5) 그 돈을 이 금고 속에 넣으시오.   * put A in B = A를 B 안에 넣다
(6) 그녀는 진열장을 들여다보고 있다.   * look into A = A를 들여다보다
(7) 이 방에서 나가시오.
(8) 그는 그 가게에서 살금살금 나갔다.   * tiptoe 살금살금 걷다
(9) 그 새는 새장에서 날아갔다.   * cage 새장
(10) 나는 위험에서 벗어나 있다(be out of danger).

(11) 그는 배를 타고 태평양을 건너 미국에 갔다.
(12) 그는 이 문을 지나 정원으로 들어갔다.
(13) 한강은 서울을 지나(through) 황해로 들어간다(into the Yellow Sea).
(14) 그들은 배를 타고 한강을 거슬러 올라갔다.
(15) 그는 계단을 뛰어 올라갔다.
(16) 그는 그 거리를 달렸다.
(17) 그는 그 거리를 뛰어서 건너갔다.
(18) 그는 차로 그 거리를 달렸다.
(19) 그는 개울(brook)을 따라 달리고 있다.
(20) 그는 그 계단을 살금살금 내려갔다(creep - crept).

(21) 우리들은 그 불 둘레에 앉아 있었다.   * fire 불
(22) 총알이 그이의 가슴을 꿰뚫었다.   * a bullet 총알   * heart 가슴
(23) 그녀는 나의 목을 껴안았다. (= 그녀는 나의 목둘레에 자기의 팔을 놓았다)
(24) 너의 책가방에서 책을 꺼내라.   * schoolbag 책가방   * take 꺼내다
(25) 나는 그에게 영어로 말했다.   * in English 영어로   * speak to 말하다
(26) 나는 그이로부터 편지를 받았다.   * get - got 받다
(27) 그것은 하늘에서 떨어졌다.   * from the sky 하늘에서   * fall - fell 떨어지다
(28) 그들은 부산에서 출발했다.
(29) 우리들은 인천에서 출항했다.
(30) 서울에서 인천까지의 거리는 얼마입니까?

(31) 그들은 근근히 살아간다.   * from hand to mouth 근근히, 곤궁하게
(32) 우리들은 그 강을 따라 걸었다.
(33) 그들은 해안선을 끼고 항해했다.
(34) 그는 그 길을 자전거로 달렸다.
(35) 나는 그 강을 헤엄쳐 건널 수 있다.
(36) 나는 부산(Busan) 출신이다.
(37) 그 산에는 세 개의 터널이 있다.   * hill 산
(38) 그 길은 나의 마을을 지나간다.   * run through 지나간다
(39) 나는 군중 사이를 헤치고 지나갔다. * crowd 군중   * rushed / went 지나갔다
(40) 그는 그 산에서 내려오고 있다.

(41) 지구는 태양을 돈다. (moves, goes, travels)
(42) 그들은 배를 타고 세계를 일주했다.
(43) 나는 그 책을 처음부터 끝까지 읽었다.   * from beginning to end 처음부터 끝까지
(44) 그는 아침부터 밤까지 열심히 일했다.   * from morning till night 아침부터 밤까지
(45) 그녀는 이 집 저 집으로 돌아다녔다.   * from house to house 이 집 저 집으로
(46) 벌들이 이 꽃 저 꽃으로 날아다녔다.
     * from flower to flower 이 꽃 저 꽃으로   * flew 날았다.
(47) 그녀는 나에게 「예」라고 말했다(said)   * say yes to ~
(48) 그녀는 나에게 「아니오」라고 말했다.   * say no to ~
(49) 나는 그에게 작별인사를 했다. (say good-bye to ~)
(50) 그는 자기의 과수원(orchard)에 철조망(wire entanglements)을 쳤다 (set, stretch).

(51) ~ (60)을 작문하려면 premium 9 (159쪽), 10 (160쪽)을 참조할 것

(51) 파도(The waves)가 잔잔해졌네요. (down)
(52) 그녀는 그 빵(bread)을 다 먹어치웠다.   * eat의 과거는 ate
(53) 그는 개에게 먹으라고 뼈(a bone)를 던져주었다. (threw)
(54) 그는 그 개를 때리려고 그 개에게 뼈를 던졌다.
(55) 그의 두 손을 꽁꽁 묶으세요.
(56) 바람이 곧(in no time) 잘 겁니다. (die down)
(57) 그 주식시세(the stock)가 내려갔네요.
(58) 거리를 뛰어서 건너지 마라.
(59) 구르는 돌에는 이끼가 끼지 않는다. (gather)
(60) 그들은 그 채소밭(the kitchen garden)을 파헤쳤다(dug up).

소유격 's 와 of   06

영어에는 『~의』에 해당하는 말이 2개 있다. 사람과 동물에는 **'s**를 사용하고 식물과 무생물에는 **of**를 사용한다. 즉, 『톰의 손』은 Tom's hands라 하고 『그 시계의 바늘』은 the clock's hands라 하지 않고 <u>the hands of the clock</u>이라 한다.

§1. 사람이나 동물인 경우

~	의	~		사람이나 동물	
제인	의	시계	=	Jane's	watch
그 소녀	의	어머니	=	the girl's	mother
이 의사	의	집	=	this doctor's	house
저 개	의	머리	=	that dog's	head
이 소	의	꼬리	=	this cow's	tail

§2. 식물이나 무생물인 경우

	~	의	~			
(13-ㄱ)	이 나무	의	나이	= the 나이	of	이 나무
(13-ㄴ)	나의 모자	의	크기	= the 크기	of	나의 모자
(13-ㄷ)	그 차	의	엔진	= the 엔진	of	그 차
(13-ㄹ)	그 꽃	의	향기	= the 향기	of	그 꽃
(13-ㅁ)	이 식탁	의	다리들	= the 다리들	of	이 식탁
(13-ㅂ)	한국	의	역사	= the 역사	of	한국
(13-ㅅ)	이 책	의	가격	= the 가격	of	이 책
(13-ㅇ)	그녀의 눈	의	색깔	= the 색깔	of	그녀의 눈
(13-ㅈ)	서울	의	인구	= the 인구	of	서울
(13-ㅊ)	그 시계	의	주인	= the 주인	of	그 시계

172쪽에 있는 말을 영어로는 다음과 같이 표현한다.

(13-ㄱ)=	the age	of	this tree
(13-ㄴ)=	the size	of	my cap
(13-ㄷ)=	the engine	of	the car
(13-ㄹ)=	the fragrance	of	the flower
(13-ㅁ)=	the legs	of	this table
(13-ㅂ)=	the history	of	Korea
(13-ㅅ)=	the price	of	this book
(13-ㅇ)=	the color	of	her eyes
(13-ㅈ)=	the population	of	Seoul
(13-ㅊ)=	the owner	of	the watch

* age [eidʒ] 나이   * size 크기   * engine 엔진   * fragrance [fréigrəns] 향기
* leg 다리, 발   * population 인구   * owner [óunər] 임자, 소유자

PREMIUM 11

A drowning man will catch at a straw.	물에 빠진 자는 지푸라기라도 잡으려고 하는 법이다.
Art is long; life is short.	예술은 길고 인생은 짧다. 원래의 뜻은 <학문은 끝없고 인생은 짧다>이다.
Art is long, time is fleeting.	학문의 길은 멀고도 멀고. (少年易老學難成) 세월은 덧없이 흘러간다. (一寸光陰 不可輕)
Love is heaven; hate is hell.	사랑은 천국이요 미움은 지옥이다.
Patience conquers the world.	인내할 줄 아는 사람은 세계를 정복할 수 있다. * conquer [káŋkər] 정복하다
Life is voyage [vóidʒ]. (항해)	인생은 항해다. (항해와 같다)

* straw [strɔː] 지푸라기   * catch a straw 지푸라기를 붙잡다   * catch at a straw 지푸라기라도 잡으려고 하다   * art 예술, 기술   * fleeting 덧없는   * heaven 하늘
* hate 미움   * hell 지옥   * patience [péiʃəns] 인내, 참고 견디기

 **of의 여러 가지 뜻**

(A) of은『~중에서 하나, ~중에서 둘, ~중에서 셋』이라고 말할 때의『~중에서』라는 뜻을 가지고 있다.

(14-ㄱ)	그 소녀들 중에서 하나	= 하나	of	the girls
(14-ㄴ)	그 소녀들 중에서 둘	= 둘	of	the girls
(14-ㄷ)	그 소녀들 중에서 셋	= 셋	of	the girls
(14-ㄹ)	그 소녀들 중에서 여러 명	= 여러 명	of	the girls
(14-ㅁ)	그 소녀들 모두	= 모두	(of)	the girls
(14-ㅂ)	그 소녀들 대부분	= 대부분	of	the girls

위의 우리말을 영어로는 아래와 같이 표현한다.

(14-ㄱ)= one   of   the girls
(14-ㄴ)= two   of   the girls
(14-ㄷ)= three of   the girls
(14-ㄹ)= many   of   the girls
(14-ㅁ)= all   (of)   the girls
(14-ㅂ)= most   of   the girls

그러나『우리들 중에서 하나』라든가『그들 중에서 하나』라고 말할 때의『우리들』은 us이고『그들』은 them이다.

(15-ㄱ)	우리들 중에서 하나	⇨ one	of	us
(15-ㄴ)	우리들 중에서 둘	⇨ two	of	us
(15-ㄷ)	그들 중에서 셋	⇨ three	of	them
(15-ㄹ)	그들 중에서 넷	⇨ four	of	them
(15-ㅁ)	너희들 중에서 둘	⇨ two	of	you

※『우리들 중에서 한 명』을 **one of we**라고 하면 안 된다.
※『그들 중에서 한 명』을 **one of they**라고 하면 안 된다.

(B) of은 『~으로 된』이라는 뜻을 가지고 있다.

	~로 된	재료나 구성요소	뜻
a wall	of	bricks (벽돌)	벽돌 담, 벽돌로 된 벽
a dress	of	silk (비단)	비단 옷, 비단으로 된 옷
a house	of	wood (목재)	목재가옥, 목재로 된 집
a house	of	five rooms	방 5개로 되어 있는 집
a family	of	six	6인 가정, 6명으로 된 가정

• a dress of silk를 일반적으로 silk dress라고 한다.

Bonus   lesson 〈수업〉의 종류와 형태

English	lesson	영어수업	history	lesson	역사 수업
piano	lesson	피아노 레슨	music	lesson	음악 수업
swimming	lesson	수영 레슨	maths	lesson	수학 수업
private	lesson	개인 수업	driving	lesson	운전 레슨
individual	lesson	개별 수업	interesting	lesson	재미있는 수업
good	lesson	좋은 수업	guitar	lesson	기타 레슨
boring	lesson	지루한 수업	tennis	lesson	테니스 레슨

★ attend	the lesson	그 수업에 출석하다(그 수업을 듣다)
★ go to	the lesson	그 수업에 출석하다(가다)
★ start	a guitar lesson	기타레슨을 시작하다
★ begin	English lessons	영어수업을 개시하다
★ have	lessons	수업이 있다
★ take	saxophone lessons	색소폰 레슨을 받다

(C) of은 『~에 대하여』라는 뜻을 가지고 있다.

(17-ㄱ) A에 대하여 생각하다 = 생각하다 + 대하여 + A
(17-ㄴ) A에 대하여 불평하다 = 불평하다 + 대하여 + A
(17-ㄷ) A에 대하여 좋게 말하다 = 말하다 + 좋게 + 대하여 + A
(17-ㄹ) 그에게 A에 대하여 말하다 = 말하다 + 그에게 + 대하여 + A

(17-ㄱ)= think   of A
(17-ㄴ)= complain   of A
(17-ㄷ)= speak   well of A
(17-ㄹ)= tell   him   of A

보기)

I	am thinking		of	my mother.	나는 어머니 (에 대하여) 생각하고 있어요.
He	complained		of	his small salary.	그는 쥐꼬리 만한 봉급에 대하여 불평했다.
She	spoke	well	of	me.	그녀는 나에 대하여 좋게 말했다.
She	spoke	ill	of	me.	그녀는 나에 대하여 나쁘게 말했다.
I	told	him	of	my adventures.	나는 그에게 나의 모험에 대하여 말했다.

* complain [kəmpléin] 불평하다   * salary [sǽləri] 봉급   * well 좋게   * ill 나쁘게
* adventure [ədvéntʃər] 모험   * speak [spi:k] 말하다, 과거: spoke
* tell 말하다, 과거: told

(D) 물질명사는 개수(個數)로 셀 수 없다. 양으로 세야 하기 때문에 다음과 같이 말한다.
advice와 news는 물질명사가 아니라 추상명사다.

		a나 숫자	단위	of	물질명사
(18-ㄱ)	커피 한 잔	a	cup	of	coffee
(18-ㄴ)	커피 두 잔	two	cups	of	coffee
(19-ㄱ)	우유 한 잔	a	glass	of	milk
(19-ㄴ)	우유 두 잔	two	glasses	of	milk
(20-ㄱ)	쇠고기 한 파운드	a	pound	of	beef
(20-ㄴ)	쇠고기 두 파운드	two	pounds	of	beef
(21-ㄱ)	쇠고기 한 점	a	piece	of	beef
(21-ㄴ)	쇠고기 두 점	two	pieces	of	beef

		a나 숫자	단위	of	물질명사
(22-ㄱ)	빵 한 조각	a	piece	of	bread
(22-ㄴ)	빵 두 덩어리	two	loaves	of	bread
(23-ㄱ)	종이 한 장	a	sheet	of	paper
(23-ㄴ)	종이 세 장	three	sheets	of	paper
(23-ㄷ)	종이 세 조각	three	pieces	of	paper
(24-ㄱ)	모래 한 주먹	a	handful	of	sand
(24-ㄴ)	모래 한 삽	a	spadeful	of	sand
(25-ㄱ)	충고 한 마디	a	word	of	advice
(26-ㄱ)	좋은 소식 하나	a	piece	of	good news

(E) 기타 of의 여러 가지 뜻

A	~의	B	뜻	
the love	of	mother	어머니의 사랑	B가 사랑함
the love	of	money	돈의 사랑	B를 사랑함

A	~라는	B	뜻	
the city	of	Seoul	서울이라는 도시	A = B
the name	of	Henry	헨리라는 이름	A = B

A	~으로	B	뜻	
die (죽다)	of	cancer (암)	암으로 죽다	B가 A의 원인
die	of	pest (페스트)	페스트로 죽다	B가 A의 원인

(F) 'of + 추상명사 = 형용사'가 되는 것도 있다.

	of	추상명사	=	형용사
(1)	of	용기 (courage)	=	용감한 (courageous)
(2)	of	능력 (ability)	=	유능한 (able)
(3)	of	쓸모없음 (no use)	=	쓸모없는 (useless)
(4)	of	중요 (importance)	=	중요한 (important)

* courage [kʌ́ridʒ]   * courageous [kəréidʒəs]   * ability [əbíləti]
* use [juːs] 효용, 유용, 사용   * useless [júːslis]
* importance [impɔ́ːrtəns] 중요성, 중대성   * important [impɔ́ːrtənt] 중요한

1) He is a man of ability. = He is an able man.
2) The book is of no use. = The book is useless.

1) = 그는 유능한 사람이다. / 2) = 그 책은 쓸모없다.

178 • LESSON 6   반가운 영어

연·습·문·제 38

다음의 우리말을 영어로 말하시오.

(1-a) 그 신발(shoes)의 크기
(1-b) 톰의 어머니
(1-c) 톰의 어머니의 신발
(1-d) 톰의 어머니의 신발의 크기

(2-a) 그 차의 색깔
(2-b) 이 소년의 아버지
(2-c) 이 소년의 아버지의 차
(2-d) 이 소년의 아버지의 차의 색깔

(3-a) 저 집의 지붕
(3-b) 제인의 집
(3-c) 제인의 집의 지붕
(3-d) 제인의 집의 지붕의 색깔

(4-a) 그 나라의 역사
(4-b) 우리들의 나라
(4-c) 우리나라의 역사
(4-d) 그는 우리나라의 역사에 대하여 흥미를 가지고 있다.

(5-a) 백두산(Mt. Baekdu)의 정상 (top)
(5-b) 백두산의 정상에 호수가 있다.

(6-a) 그 소년들 중에서 한 명은 한국인이다.
(6-b) 그 소년들 중에서 두 명은 수영을 매우 잘 한다.
(6-c) 그들 중에서 한 명은 한국인임에 틀림없다.
(6-d) 그들 중에서 세 명은 한국인일 리가 없다.
(6-e) 너희들 대부분은 그녀를 모른다.

(7-a) 너의 친구들 중에서 너를 나쁘게 말하는 사람은 하나도 없다. (speak ill of)
(7-b) 너의 친구들 중에는 내가 아는 사람은 하나도 없다.

(8-a) 나는 이 책들 중에서 한 권을 읽었다.
(8-b) 나는 이 책들 대부분을 읽어야 한다.
(8-c) 나는 이 책들 중에서 한 권도(none of these books) 읽지 않았다.
(8-d) 이 책들 중에서 재미있는 책이라고는 한 권도 없다.

(9-a) 커피 한 잔
(9-b) 커피 두 잔
(9-c) 저에게 커피 한 잔 주세요.
(9-d) 나는 커피를 한 잔 마셨다.

(10-a) 쇠고기 10파운드
(10-b) 쇠고기 한 점
(10-c) 나는 어제 쇠고기 5파운드를 샀다.

(11-a) 좋은 충고 한 마디
(11-b) 그는 나에게 좋은 충고를 주었다.

(12-a) 빵 한 조각
(12-b) 빵 두 덩어리 (덩어리 = loaf, 복수는 loaves)
(12-c) 우리들은 빵 세 덩어리가 필요하다. (three loaves of bread)

(13-a) 종이 한 장
(13-b) 나에게 종이 세 장을 가져오너라. (three sheets of)

(14-a) 그녀는 그 음식에 대하여 불평했다. (complain of)
(14-b) 너는 무엇에 대하여 생각하고 있냐? (are thinking)
(14-c) 나는 어머니를 생각하고 있다. (am thinking)
(14-d) 너는 그들에게 그 위험을 말해주어야 한다. (tell them of the danger)

(15-a) 너는 그녀에 대하여 좋게 말해야 한다. (speak well of)
(15-b) 너는 그녀를 나쁘게 말하면 안 된다. (speak ill of)
(15-c) 나는 그이에 관해서는 아는 것이 있지만 (but) 그이의 얼굴은 모릅니다.
　　　　※ **know of A** = A에 관해서 일부를 알다　/　※ **know A** = A를 (A의 얼굴을) 알다

연·습·문·제 39

아래 우리말을 영어로 말하고 쓰시오.

(1) 그녀를 비웃지 마라.
(2) TV를 끄시오.
(3) TV를 켜시오.
(4) 나는 나의 시계를 찾고 있습니다.
(5) 저 꽃들을 바라보세요.
(6) 물에 빠진 자는 지푸라기라도 잡으려고 하는 것이다.
(7) 그녀를 깔보지 마라.
(8) 그는 나에게 헛발질했다. (⇨ 128쪽)
(9) 너는 그 선생님을 존경하느냐? (⇨ 106, 173쪽 참조)

(10) 나는 그에게 공을 던졌다. (받으라고)   * 던지다 = throw - threw
(11) 그는 나에게 돌맹이를 던졌다. (때리려고)
(12) 인내할 줄 아는 사람은 세계를 정복한다.
(13) 사랑하면 천국이요, 미워하면 지옥이다.
(14) 예술은 길고 인생은 짧다.
(15) 나는 어제 우연히 고모를 그 공원에서 만났다.
(16) 나는 그녀를 (그녀에 대하여) 좋게 말했다.
(17) 남들(others)에 대하여 나쁘게 말하지 마세요.
(18) 나의 꿈이 실현될 것이다.

PREMIUM 12. game에 관한 영어

ball	game	구기(球技)	see (watch) the game 그 경기를 관전하다
card	game	카드게임	
computer	game	컴퓨터게임	lose the game 그 시합에서 지다
on-line	game	온라인게임	
war	game	전쟁게임, 기동훈련	win the game 그 시합에서 이기다
team	game	팀 경기	
fun	game	재미있는 경기	have (play) a game 시합하다
indoor	game	실내 경기	
outdoor	game	실외(야외) 경기	draw the game 그 시합에서 비기다
big	game	대 시합(試合)	
close	game	접전(接戰)	level the gaem 동점으로 따라붙다
tight	game	접전(接戰)	
tough	game	고전(苦戰)	abandon the game 시합을 중지하다
evenly contested	game	호각의 접전	
away	game	원정 경기	postpone the game 그 시합을 연기하다
home	game	연고지 경기	
play-off	game	동점 결정전	dominate the game 그 시합에서 주도권을 잡다
league	game	리그전	
championship	game	챔피언 결정전	develop a game 게임을 개발하다
title	game	타이틀전	
exhibition	game	비공식 시합	invent a game 게임을 고안하다
baseball	game	야구시합	
basketball	game	농구시합	We won the first game and lost the second. 우리는 1차전은 이겼는데, 2차전에서는 졌다.
football	game	축구시합	
soccer	game	축구시합	

LESSON
7

LESSON 7

I am as busy as you

as ~as   01

(1-ㄱ) 나는   바쁘다.
(1-ㄴ) 나는 너만큼 바쁘다. } 의 비교

(1-ㄱ)＝ I am   busy.
(1-ㄴ)＝ I am as busy as you (are).

• 첫 번째의 **as**의 뜻은 『그만큼』이고 두 번째의 **as**의 뜻은 『~만큼』이다.
• **you**의 뒤에 있는 **are**는 생략할 수 있다. 또 **are** 뒤에는 **busy**가 숨어 있다고 볼 수 있다.
  (1-ㄴ)을 정확하게 해석하면 『나는 네가 바쁜 만큼 꼭 그만큼 바쁘다』이다.
• 첫 번째 **as**는 형용사나 부사의 앞에 사용해야 한다.
  두 번째 **as**는 뒷문장의 맨앞에 사용해야 한다.

다시 말하면 (1-ㄴ)은 I am busy와 You are busy를 다음과 같이 결합한 것이다.

	그만큼		만큼	너는 바쁘다
I am		busy		You are busy.
I am	as	busy	as	you (are busy).

두 문장을 as ~ as로 결합할 경우에는 두 문장에 공통으로 있는 단어는 생략해야 한다. am 과 are가 공통단어이고 busy가 공통단어이다. 그런데 뒷 문장에 있는 공통요소를 생략해야 한다. 다시 말하면 위의 문장에서 are busy를 생략해야 한다. am busy를 생략하면 안 된다. 단, be동사와 조동사(can, will, must, may, should, do, did 기타 등등)는 생략하지 않아도 된다.

(2-ㄱ) 제인은   열심히 공부한다. ⎫
(2-ㄴ) 제인은 **톰만큼** 열심히 공부한다. ⎬ 의 비교

(2-ㄱ)=   Jane studies   hard.
(2-ㄴ)=   Jane studies   **as**   hard   **as**   **Tom (does).**

※ 첫 번째 as 는 <열심히> 앞에 사용하고 두 번째 as는 그 뒤에 연속되는 문장의 맨 앞에 사용한다. '열심히= hard'는 부사다.

Tom 뒤에 있는 does는 없어도 된다. does는 studies를 대신하는 대동사다. 아래 문장을 비교해보자. does 대신에 did를 사용하면 다른 뜻이 된다.

(a)	Jane	studies	as	hard	as	Tom	studies	hard.
(b)	Jane	studies	as	hard	as	Tom	does.	
(c)	Jane	studies	as	hard	as	Tom	studied	hard.
(d)	Jane	studies	as	hard	as	Tom	did.	

- (a) = (b)이고 (c) = (d)이다. (a)와 (b)의 뜻은 (2-ㄴ)과 같다.
- (c)와 (d)의 뜻: 제인은 톰이 과거에 열심히 공부했던 것만큼 지금 그렇게 열심히 공부합니다.
- (c)문에 있는 studi**es**와 studi**ed**는 공통요소가 아니다. 그러므로 (d)문에서 did를 생략할 수 없다.

(3-ㄱ)을 알고 있으면 (3-ㄴ)는 손바닥 뒤집기다. 첫 번째 as는 beautiful의 앞에 사용한다. beautiful은 형용사이다. 두 번째 as는 두 번째 문장의 앞에 사용한다.

(3-ㄱ) 제인은　　　　아름답다.　⎫
(3-ㄴ) 제인은 수잔만큼 아름답다.　⎬ 의 비교
　　　　　　　　　　　　　　　　⎭

  (3-ㄱ)=　Jane is　　　　　beautiful.

  (3-ㄴ)=　Jane is　as　　beautiful　　as　Susan (is).

(4-ㄱ)을 알고 있으면 (4-ㄴ)은 땅 짚고 헤엄치기다. 첫 번째 as는 early 앞에 사용해야 한다. early는 부사다. 두 번째 as는 두 번째 문장의 앞에 사용한다.

(4-ㄱ) 그녀는　　　　일찍 일어났다.　⎫
(4-ㄴ) 그녀는 나만큼 일찍 일어났다.　⎬ 의 비교
　　　　　　　　　　　　　　　　　　⎭

  (4-ㄱ)=　She got up　　　　　early.

  (4-ㄴ)=　She got up　　as　early　　as　I (did).

아래의 두 문장은 as ~ as 로 어떻게 결합할까?

| (a) | 그녀는 | 일찍 | 일어났다. = | She | got up | early. |
| (b) | 나는 | 일찍 | 일어난다. = | I | get up | early. |

| 1단계 결합 | She | got up | as | early | as | I | get up | early. |
| 2단계 결합 | She | got up | as | early | as | I | do. | |

뜻: 내가 현재 일찍 일어나는 것처럼 그녀는 과거에 일찍 일어났다.

첫 번째 as는 much 앞에 사용한다. much는 형용사이다. 두 번째 as는 다음에
연속될 문장의 앞에 사용한다. ( )안의 것은 생략함

(5-ㄱ) 그녀는　　　 많은 돈을 가지고 있다.
(5-ㄴ) 그녀는 너만큼 많은 돈을 가지고 있다. } 의 비교

(5-ㄱ)=　She has　　　　much money.

(5-ㄴ)=　She has　as　much money　as　you (have much money).

첫 번째 as는 fast 앞에 사용해야 한다. fast는 부사다. ( ) 안에 있는 말은 생략할 수
있다. can은 조동사다.

(6-ㄱ) 나는　　 빨리 달릴 수 있다.
(6-ㄴ) 나는 너처럼 빨리 달릴 수 있다. } 의 비교

(6-ㄱ)=　I can run　　　　fast.

(6-ㄴ)=　I can run　as　fast　as　you (can).

첫 번째 as는 "잘 = well" 앞에 사용해야 한다. well은 부사다.

(7-ㄱ) 그녀는　　　　 영어를 잘 구사한다.
(7-ㄴ) 그녀는 미국인처럼 영어를 잘 구사한다. } 의 비교

(7-ㄱ)=　She speaks English　　　　well.

(7-ㄴ)=　She speaks English　as　well　as　Americans.

연·습·문·제 40

다음 두 문장을 as ~ as로 결합하시오.

(1) She is old. My grandmother is old.
(2) He is rich. You are rich.
(3) I am happy. You are happy.
(4) The mountain is high.   Mt. Fuji is high.
(5) I go to school early. My sister goes to school early.
(6) I study hard. My brother studies hard.
(7) I studied hard. My brother studied hard.
(8) I can play the piano very well.
    She can play the piano very well.

(9) Tom started early. Jane started early.
(10) I have many books. You have many books.
(11) I need much money. You need much money.
(12) Jane is tall.   Ann is tall.
(13) Jane is pretty. Ann is pretty.
(14) I can run fast. You can run fast.
(15) I bought many books. She bought many books.
(16) She spent much money on clothes. (spent는 과거)
     I spend much money on clothes. (spend는 현재)

(17) She dances beautifully. You danced beautifully.
(18) I study hard. My grandfather studied hard.

> study(현재)와 studied(과거)는 공통요소가 아니다. is, am, are나 조동사 (can, will, must~등)가 없는 문장에서는 뒷문장의 동사를 버리는 대신에 대동사 (do, does, did)를 사용할 수 있다. (18)에서는 studied 대신에 did를 사용해야한다. studied를 버리면 안 된다.

(19) I am busy. I was busy yesterday.   ※ is와 was는 공통요소가 아니다.
(20) You should help many people. We help many people.
　　※ should help와 help는 공통 요소가 아니다.
　　　뒷문장의 help 대신에 do를 사용해야 한다.
(21) There are many stars in the sky.   * riverbed 강바닥
　　 There are many pebbles on the riverbeds.   * pebble 자갈
(22) Tom plays the piano very well. Jane plays the piano very well.
(23) Tom plays the piano very well. Jane played the piano very well.
(24) Tom played the piano very well.
　　 Jane plays the piano very well.

(25) Tom played the piano very well. Jane played the piano very well.
(26) Tom can play the piano very well. Jane can play the piano very well.
(27) Tom could play the piano very well,
　　 Jane could play the piano very well.
(28) Tom could play the piano very well.
　　 Jane can play the piano very well.

연·습·문·제 41

다음의 우리말을 영어로 말하시오. (처럼 = 만큼)

(1) 나는 너처럼 행복하다.
(2) 그는 자기의 형처럼 열심히 공부했다.
(3) 너는 너의 형처럼 열심히 공부해야 한다.
(4) 나는 나의 어머니처럼 일찍 일어난다.
(5) 나는 너처럼 많은 책을 가지고 있다.
(6) 나는 너처럼 많은 책을 읽었다.
(7) 너는 나처럼 영어를 잘 말할 수 있냐?
(8) 그 빵은 돌처럼 단단하다.   * hard 단단한   * stone 돌
(9) 그것은 금(gold)처럼 귀중하다.   * precious [préʃəs] 귀중한
(10) 그것은 깨진 유리(broken glass)처럼 위험하다.   * dangerous 위험한
(11) 그이는 너만큼 크다(tall).

(12) 그녀는 장미(roses)처럼 아름답다.
(13) 그이는 그녀만큼 조심스럽게(carefully) 운전하지 않았다.
(14) 그 간호사는 나의 어머니만큼 나에게 자상하다. (~에게 자상하다 is kind to ~)
(15) 나는 너처럼 많은 돈이 필요하다.
(16) 나는 그녀를 자주 만난다.
(17) 네가 그녀를 자주 만나는 것처럼 나도 그녀를 자주 만난다.
(18) 나는 그녀를 자주 만나는 것처럼 그이도 자주 만난다.
(19) 그 도시는 서울만큼 크다.
(20) 그이는 너처럼 많은 돈을 저축했다.   * save 저축하다
(21) 그것은 꿀(honey)처럼 달다. (is sweet 달다)
(22) 그 상자 안에도 이 가방 안에 있는 것처럼 많은 돈이 있다.

-er ~ than 02

(8-ㄱ)을 알고 있으면 (8-ㄴ)은 땅 짚고 헤엄치기다. ~ er than을 눈여겨보아라.

(8-ㄱ) 나의 할머니는   늙었다.
(8-ㄴ) 나의 할머니는 너의 할머니보다 더 늙었다. } 의 비교

| (8-ㄱ)= | My grandmother is | old. | | |
| (8-ㄴ)= | My grandmother is | older | than | your grandmother (is). |

-er [ə:r]의 뜻은 <더>이고 than [ðæn]의 뜻은 <~보다>이다. 예를 보자.

원급	비교급	비교급의 뜻	원급	비교급	비교급의 뜻
kind	kinder	더 친절한	rich	richer	더 부유한
clever	cleverer	더 영리한	tall	taller	더 키가 큰
young	younger	더 젊은	long	longer	더 긴, 더 오래

다시 예문을 보자.

(9-ㄱ) 그이는   부유하다.
(9-ㄴ) 그이는 너보다 더 부유하다. } 의 비교

| (9-ㄱ)= | He is | rich. | | |
| (9-ㄴ)= | He is | richer | than | you. |

(10-ㄱ) 톰은   열심히 공부한다.
(10-ㄴ) 톰은 너보다 더 열심히 공부한다. } 의 비교

| (10-ㄱ)= | Tom studies | hard. | | |
| (10-ㄴ)= | Tom studies | harder | than | you (do). |

비교급 만들기   03

다음과 같이 비교급을 만든다.

① -er를 붙인다. 이것은 이미 배웠으므로 보기를 생략한다.

② 끝 글자가 -e이면 r만 붙인다. 왜냐하면 r만 붙여도 er이 되기 때문이다.

원급	비교급	원급	비교급
wise 현명한	wiser 더 현명한	large 큰	larger 더 큰
safe 안전한	safer 더 안전한	wide 넓은	wider 더 넓은

③ <한 개의 모음 + 자음글자>로 끝나는 낱말에는 끝에 있는 자음글자를 한 번 더 쓰고 er를 붙인다. 그러나 [모음+모음+자음]이면 er만 붙인다.

원급	비교급	원급	비교급
big 큰	bigger 더 큰	hot 뜨거운	hotter 더 뜨거운
thin 얇은	thinner 더 얇은	sad 슬픈	sadder 더 슬픈

④ <자음 + y>로 끝나는 단어에는 y를 버리고 ier를 붙인다.

원급	비교급	원급	비교급
pretty	prettier 더 예쁜	early	earlier 더 일찍
happy	happier 더 행복한	busy	busier 더 바쁜

주의 <모음 + y>이면 er만 붙인다.
　　보기) • gay ⇨ gayer 더 명랑한

(11-ㄱ) 서울은　　　　크다.　　⎫
(11-ㄴ) 서울은 부산보다 더 크다.　⎬ 의 비교
　　　　　　　　　　　　　⎭

| (11-ㄱ)= | Seoul is | large. | | |
| (11-ㄴ)= | Seoul is | larger | than | Busan. |

(12-ㄱ) 오늘은　　　　덥다.　　⎫
(12-ㄴ) 오늘은 어제보다 더 덥다.　⎬ 의 비교
　　　　　　　　　　　　　⎭

| (12-ㄱ)= | Today is | hot. | | |
| (12-ㄴ)= | Today is | hotter | than | yesterday. |

(13-ㄱ) 톰은　　　　일찍 일어났다.　　⎫
(13-ㄴ) 톰은 나보다 더 일찍 일어났다.　⎬ 의 비교
　　　　　　　　　　　　　　　⎭

| (13-ㄱ)= | Tom got up | early. | | |
| (13-ㄴ)= | Tom got up | earlier | than | I (did). |

연·습·문·제 42

다음 단어의 비교급을 쓰시오.

	형용사	뜻		형용사	뜻
(1)	tall	(키가) 큰	(2)	high	높은
(3)	happy	행복한	(4)	large	큰
(5)	big	큰, 터무니없는	(6)	young	젊은
(7)	deep	깊은	(8)	wise	현명한
(9)	kind	친절한	(10)	rich	부유한, 풍성한
(11)	long	긴, 오랜	(12)	short	짧은
(13)	clever	영리한	(14)	sad	슬픈
(15)	fast	빠른, 빠르게	(16)	pretty	예쁜
(17)	hungry	배고픈	(18)	ugly	추한, 못생긴
(19)	dark	어두운	(20)	gay	명랑한

	형용사	뜻		형용사	뜻
(21)	old	늙은, 낡은	(22)	hot	뜨거운, 더운
(23)	great	큰, 위대한	(24)	poor	가난한, 불쌍한
(25)	red	붉은, 빨간	(26)	wide	넓은
(27)	early	일찍	(28)	brave	용감한
(29)	busy	바쁜	(30)	sharp	날카로운, 예리한

연·습·문·제 43

다음의 우리말을 영어로 말하시오.

(1-a)	그이는 키가 크다.	
(1-b)	그이는 너만큼 키가 크다.	as~as
(1-c)	그이는 너보다 키가 더 크다.	er than

(2-a)	그 도시는 크다.	
(2-b)	그 도시는 서울만큼 크다.	as ~as
(2-c)	그 도시는 서울보다 더 크다.	er than

(3-a)	톰은 일찍 일어났다.	
(3-b)	톰은 자기의 어머니처럼 일찍 일어났다.	as ~as
(3-c)	톰은 자기의 어머니보다 더 일찍 일어났다.	er than

(4-a)	톰은 빨리 달릴 수 있다.	can
(4-b)	톰은 너만큼 빨리 달릴 수 있다.	run
(4-c)	톰은 너만큼 그렇게 빨리 달릴 수 없다.	
(4-d)	톰은 너보다 더 빨리 달릴 수 있다.	

(5-a)	톰은 영리한 개를 가지고 있다.	clever
(5-b)	톰은 네가 가진 개처럼 영리한 개를 가지고 있다.	
(5-c)	톰은 네가 가지고 있는 개보다 더 영리한 개를 가지고 있다.	

(5-b)의 답은 어렵다. 답란을 꼭 확인할 것

 ## more를 붙이는 비교급

(14-ㄱ) 그녀는   예의가   바르다.
(14-ㄴ) 그녀는 너보다 예의가 더 바르다. } 의 비교

(14-ㄱ)=	She is		polite.		
(14-ㄴ)=	She is		politer	than	you.
(14-ㄴ)=	She is	more	polite	than	you.

• polite의 비교급은 politer 또는 more polite이다. 그러므로 (14-ㄴ) 은 두 개의 문장이 가능하다.

그러나 다음의 문장에서는 (15-ㄱ)은 옳고 (15-ㄴ)은 옳지 않다.

(15-ㄱ)	She is		kinder	than	you.	(○)
(15-ㄴ)	She is	~~more~~	~~kind~~	than	you.	(×)

• 뜻 : <그녀는 너보다 더 친절하다.>

다음의 문장에서는 (16-ㄱ)은 옳지 않고 (16-ㄴ)은 옳다.

(16-ㄱ)	She is		~~beautifuler~~	than	you.	(×)
(16-ㄴ)	She is	more	beautiful	than	you.	(○)

• 뜻 : <그녀는 너보다 더 아름답다.>

주의 비교급 만들기
• 짧은 단어 + er   보기) kinder 더 친절한
• more + 긴 단어   보기) more beautiful 더 아름다운

(A) 붉은 부분으로 끝난 단어의 비교급은 그 단어 앞에 **more**를 붙인다. 이 단어들의 일반적인 형태는 음절(소리마디)이 2개 이상이다.

형용사 원급		더 (형용사의 비교급)		뜻
interest**ing**	[íntəristiŋ]	more	interesting	더 재미있는
wonder**ful**	[wʌ́ndərfəl]	more	wonderful	더 신기로운
posit**ive**	[pázətiv]	more	positive	더 적극적인
fool**ish**	[fúːliʃ]	more	foolish	더 어리석은
danger**ous**	[déindʒərəs]	more	dangerous	더 위험한
import**ant**	[impɔ́ːrtənt]	more	important	더 중요한
care**less**	[kɛ́ərlis]	more	careless	더 경솔한
roman**tic**	[roumǽntik]	more	romantic	더 낭만적인
tir**ed**	[táiərd]	more	tired	더 피곤한

(B) 형용사에 **ly**를 붙여서 만든 부사의 비교급은 **more ~**이다.

형용사 + ly	부사의 비교급	비교급의 뜻
wise**ly**	**more** wisely	더 슬기롭게
slow**ly**	**more** slowly	더 느리게
happi**ly**	**more** happily	더 행복하게
ear**ly**	earli**er**	더 일찍
man**ly**	manli**er**	더 남자다운

※ wise, slow, happy는 형용사이다.
※ ear와 man은 명사이다.

주의 ear와 man은 형용사가 아니다.

(17-ㄱ) 그것은   위험하다.
(17-ㄴ) 그것은 악어보다 더 위험하다. } 의 비교

| (17-ㄱ)= | It is | | dangerous. | | |
| (17-ㄴ)= | It is | more | dangerous | than | a crocodile. |

(18-ㄱ) 그 책은   재미있다.
(18-ㄴ) 그 책은 이 책보다 더 재미있다. } 의 비교

| (18-ㄱ)= | The book is | | interesting. | | |
| (18-ㄴ)= | The book is | more | interesting | than | this book. |

(19-ㄱ) 그녀는   어리석다.
(19-ㄴ) 그녀는 너보다 더 어리석다. } 의 비교

| (19-ㄱ)= | She is | | foolish. | | |
| (19-ㄴ)= | She is | more | foolish | than | you. |

───── 격 언 ─────

"Look at the bright side"

남의 결점을 보지 말고 장점을 보아라.

* bright [brait] 밝은, 영리한   * side [said] 옆, 측면

불규칙 변화   05

well의 비교급은 well**er**가 아니라 **better**이다.

(20-ㄱ) 그녀는   노래를   잘 부른다.
(20-ㄴ) 그녀는 너보다 노래를 더 잘 부른다. } 의 비교

(20-ㄱ)=	She	sings	well.		
(20-ㄴ)=	She	sings	better	than	you.

much의 비교급은 much**er**가 아니라 **more**이다.

(21-ㄱ) 그녀는   많은 돈을 가지고 있다.
(21-ㄴ) 그녀는 너보다 더 많은 돈을 가지고 있다. } 의 비교

(21-ㄱ)=	She has	much	money.		
(21-ㄴ)=	She has	more	money	than	you.

다음의 비교급을 외우시오.

원급	good	well	many	much
비교급	better	better	more	more
뜻	더 좋은	더 잘	더 많은	더 많은

원급	little	bad	ill	badly
비교급	less	worse	worse	worse
뜻	더 적은	더 나쁜	더 아픈	더 나쁘게

(22-ㄱ) 톰은 몸이 불편하다. (아프다)
(22-ㄴ) 톰은 어제보다 병이 더 악화되어 있다. } 의 비교

| (22-ㄱ) | Tom is | ill. | | |
| (22-ㄴ) | Tom is | worse | than | yesterday. |

(23-ㄱ) 우유는   너에게 좋다.
(23-ㄴ) 우유는 사과보다 너에게 더 좋다. } 의 비교

| (23-ㄱ)= | Milk is | good | for you. | | |
| (23-ㄴ)= | Milk is | better | for you | than | apples. |

less는 little의 비교급이며 more의 반대이다. 다음과 같이 사용된다.

(24-ㄱ) 6 is less than 8. (6은 8보다 적다)

| (24-ㄴ) | She is | more | beautiful | than | Jane. |
| (24-ㄷ) | She is | less | beautiful | than | Jane. |

| (24-ㄹ) | She has | more | money | than | Jane. |
| (24-ㅁ) | She has | less | money | than | Jane. |

(24-ㄷ)= 그녀는 제인보다 덜 아름답다.
(24-ㄹ)= 그녀는 제인보다 돈을 덜 가지고 있다.

06. more than과 rather than

아래 문장의 뜻: C는 A라기 보다는 B다. 이 표현은 무조건 more ~ than으로 해야 한다.

	C	A	than	B
(25-ㄱ)	그는	다쳤다기	보다는	놀란 편이었다.
(25-ㄴ)	그녀는	허영부린다기	보다는	우쭐대는 편이다.
(25-ㄷ)	그녀는	지성적이라기	보다는	친절한 편이다.
(25-ㄹ)	그것은	녹색이라기	보다는	청색이다.
(25-ㅁ)	그이는	현명하다기	보다는	대담한 편이다.
(25-ㅂ)	그녀는	비사교적이라기	보다는	수줍어하는 편이다.
(25-ㅅ)	그이는	무뢰한이라기	보다는	멍텅구리다.

	C		더	B	~보다	A
(25-ㄱ)=	He	was	more	frightened	than	hurt.
(25-ㄴ)=	She	is	more	proud	than	vain.
(25-ㄷ)=	She	is	more	kind	than	intelligent.
(25-ㄹ)=	It	is	more	blue	than	green.
(25-ㅁ)=	He	is	more	bold	than	wise.
(25-ㅂ)=	She	is	more	shy	than	unsocial.
(25-ㅅ)=	He	is	more	fool	than	knave.

* frightened 놀란   * hurt [həːrt] 다친   * proud 거만한
* vain [vein] 허황된   * intelligent 지성적인   * blue 청색   * bold 대담한
* shy 수줍은   * unsocial [ʌnsóuʃəl] 사교성이 없는   * knave [neiv] 무뢰한, 악당

위의 문장을 모두 아래와 같이 고쳐도 된다. 뜻은 같다.

(25-ㄴ)=	She is	more	proud	오히려, 도리어	than	vain.
	She is	더	proud	rather	than	vain.

202 • LESSON 7   반가운 영어

연·습·문·제 44

다음 낱말의 비교급을 쓰시오.

(1)	good	유익한, 고급의	(2)	busy	번화한, 통화중인
(3)	beautiful	고운, 뛰어난	(4)	tired	피곤한, 싫증난
(5)	little	시시한, 귀여운	(6)	foolish	미련한, 바보스러운
(7)	hot	매운, 격렬한	(8)	difficult	곤란한, 어려운
(9)	many	다수의, 여러	(10)	bad	나쁜, 상한, 불량한
(11)	interesting	재미있는	(12)	large	큰, 과장된
(13)	careful	꼼꼼한, 면밀한	(14)	much	다량의, 많은
(15)	well	건강한, 잘	(16)	dangerous	위험한, 위태로운
(17)	ill	아픈, 나쁜	(18)	manly	남자다운, 씩씩한
(19)	healthy	건전한, 건강한	(20)	quickly	빠르게, 급히

연·습·문·제 45

다음 문장을 rather than 을 이용하여 같은 말이 되게 고치시오.
(more + 명사 than + 명사에서는 a 를 생략한다.)

(1) He is more bold than wise. <그이는 현명하다기보다는 대담한 거다.>
(2) She is more a̶ boy than a̶ girl. <그녀는 소녀라기보다는 사내답다.> (a를 안 씀)
(3) Jane is more graceful than beautiful. <제인은 아름답다기보다는 우아하다.>
(4) He is more wild than manly. <그는 의협심이 있다기보다는 난폭하다.>
(5) She is more fat than plump. <그녀는 통통하다기보다는 뚱뚱하다.>
(6) She is more flattering than kind. <그녀는 친절하다기보다는 아첨하는 거다.>

연·습·문·제 46

다음의 우리말을 영어로 말하시오.

(1-a) 적당한 식사(A proper diet)는 건강에(to good health) 중요하다.
(1-b) 적당한 식사는 적당한 운동(exercise)만큼 건강에 중요하다.
(1-c) 적당한 식사는 적당한 운동보다 건강에 더 중요하다.

(2-a) 바둑 두는 것(playing baduk, playing go)은 재미있다.
(2-b) 바둑 두는 것은 텔레비전 보는 것(watching TV)만큼 재미있다.
(2-c) 바둑 두는 것은 텔레비전 보는 것보다 더 재미있다.
(2-d) 텔레비전 보는 것은 바둑 두는 것보다 덜 재미있다.

(3-a) 그녀는 친절하다.
(3-b) 그녀는 그녀의 언니만큼 친절하다.
(3-c) 그녀는 그녀의 언니보다 더 친절하다.
(3-d) 그녀의 언니는 그녀보다 덜 친절하다.

(4-a) 그녀는 영어를 잘 말할 수 있다.
(4-b) 그녀는 미국인만큼 영어를 잘 말할 수 있다.
(4-c) 그녀는 미국인보다 영어를 더 잘 말할 수 있다.

(5-a) 그녀는 많은 책을 가지고 있다.
(5-b) 그녀는 제인만큼 많은 책을 가지고 있다.
(5-c) 그녀는 제인보다 많은 책을 가지고 있다.

(6-a) 그는 자기의 아내를 사랑한다.
(6-b) 그는 자기의 아내를 사랑하는 만큼 그 개를 사랑한다.
(6-c) 자기의 아내가 그 개를 사랑하는 것보다 그가 그 개를 더 사랑한다.
(6-d) 그는 자기의 아내를 사랑하는 것보다는 그 개를 더 사랑한다.

(7-a) 그는 톰만큼 그렇게 크지 않다.　※ 부정문에서는 as ~as 대신 so ~ as를 사용할 수 있음
(7-b) 그는 톰보다 더 크다.
(7-c) 그는 톰보다 조금 (a little) 더 크다.　※ taller 앞에 a little를 사용함
(7-d) 그는 톰보다 훨씬(much) 더 크다.　※ taller 앞에 much를 사용함

(8-a) 톰은 나만큼 열심히 공부한다.
(8-b) 톰은 나보다 더 열심히 공부한다.
(8-c) 톰은 나처럼 그렇게 열심히 공부하지 않는다.
(8-d) 톰은 나보다 훨씬 더 열심히 공부한다.
(8-e) 톰은 자기의 아버지가 열심히 공부했던 것보다 더 열심히 공부한다.
(8-f) 나는 나의 아들이 열심히 공부하는 것보다 더 열심히 공부했다.

(9-a) 그녀는 친절하다기보다 아첨하고 있는(flattering) 것이다.
(9-b) 그녀는 통통하다기보다는 뚱뚱한 편이다.
(9-c) 그는 친구라기보다는 적이다 (enemy).
(9-d) 그는 경쟁자(rival)라기보다는 협력자(helper)이다.

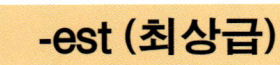 **-est (최상급)**

『가장 ~하다』라고 하려면 『the + 형용사 + est』를 사용한다.

(26-ㄱ) 톰은　　　　　　키가 크다.
(26-ㄴ) 톰은 자기 반에서 제일 키가 크다. } 의 비교

(26-ㄱ)=	Tom is		tall.	
(26-ㄴ)=	Tom is	the	tallest	in his class.

또 예를 들면 아래와 같다.

(27-ㄱ) 나의 할머니는　　　　　　늙었다.
(27-ㄴ) 나의 할머니는 나의 마을에서 제일 늙었다. } 의 비교

(27-ㄱ)=	My grandmother is		old .	
(27-ㄴ)=	My grandmother is	the	oldest	in my village.

<~에서>는 in이고 <~중에서>는 of이다.

(28-ㄱ) 톰은 자기의 반에서 키가 제일 크다.
(28-ㄴ) 톰은 우리들 중에서 키가 제일 크다. } 의 비교

(28-ㄱ)=	Tom is the tallest	in	his class.
(28-ㄴ)=	Tom is the tallest	of	us.

부사의 최상급 앞에는 the를 사용하지 않아도 된다. 물론 사용해도 된다.

형용사	행복한	느린	정직한	부지런한	고요한	빠른
부사	행복하게	느리게	정직하게	부지런히	고요히	빠르게

- 형용사의 끝소리는 <ㄴ>이고 부사의 끝 글자는 일반적으로 <게, 히>이다.

(29-ㄱ)	Diamond is	the	hardest	of all matters.
(29-ㄴ)	Mr. Kim works	(the)	hardest	of us all.

(29-ㄱ)= 모든 물체 중에서 다이아몬드가 제일 단단하다.
(29-ㄴ)= 김씨는 우리 모두 중에서 제일 열심히 일한다.

- (29-ㄱ)에 있는 hard의 뜻은 <단단한>이고 형용사이다. 그런데 (29-ㄴ)에 있는 hard의 뜻은 <열심히>이고 부사이다.

최상급 만들기   08

(A) -er를 붙이는 방식대로 -est를 붙인다. ☞ 193쪽

비교급	kinder	wiser	larger	bigger
최상급	kindest	wisest	largest	biggest

비교급	hotter	prettier	happier
최상급	hottest	prettiest	happiest

(B) 또 more를 붙이는 방식대로 most를 붙인다. ☞ 198쪽

비교급	more beautiful 더 아름다운	more important 더 중요한	more interesting 더 재미있는
최상급	most beautiful 가장 아름다운	most important 가장 중요한	most interesting 가장 재미있는

(C) 불규칙적으로 변하는 것

원급	well 잘, 건강한	good 좋은	many 많은	much 많은
비교급	better	better	more	more
최상급	best	best	most	most

원급	little 적은	bad 나쁜	ill 아픈	badly 나쁘게
비교급	less	worse	worse	worse
최상급	least	worst	worst	worst

예를 들면 아래와 같다.

(30-ㄱ) 제인은 그 소녀들 중 어느 누구보다 더 아름답다.
(30-ㄴ) 제인은 그 소녀들 중에서 가장 아름답다. } 의 비교

(30-ㄱ)=   Jane is   more beautiful   than   any of the girls.
(30-ㄴ)=   Jane is   the most beautiful   of   the girls.

any of ~ 의 예문	I	don't	like	any of you.	<나는 너희들 중 어느 누구도 안 좋아한다.>
	I	didn't	meet	any of them.	<나는 그들 중 어느 누구도 안 만났다.>
	He	doesn't	like	any of us.	<그는 우리들 중 어느 누구도 안 좋아한다.>

(31-ㄱ) 나는 역사보다 　　영어를 　더 좋아한다.
(31-ㄴ) 나는 모든 과목 중에서 영어를 제일 좋아한다. ⎫ 의 비교

(31-ㄱ)	I like English		better than	history.
(31-ㄴ)	I like English	(the)	best of	all subjects.

best를 이용한 문장들

I	will do	my	best.	나는 나의 최선을 다하겠습니다.
Tom	did	his	best.	톰은 자기의 최선을 다했다.
Jane	did	her	best.	제인은 자기의 최선을 다했다.
The boys	did	their	best.	그 소년들은 자기들의 최선을 다했다.
We	must do	our	best.	우리들은 우리들의 최선을 다해야 한다.
You	must do	your	best.	너는 너의 최선을 다해야 한다.

You are my best friend.	너는 나의 가장 친한 벗이다.
I know you best.	내가 너를 가장 잘 안다.
Who sings (the) best?	누가 노래를 가장 잘 부르냐?
I like spring (the) best.	나는 봄을 제일 좋아한다.
Which watch is (the) best?	어느 시계가 최상의 시계입니까?
I work best in the morning.	나는 아침나절에 일이 가장 잘 된다.
Best of all, I like apples.	뭐니뭐니해도 나는 사과를 제일 좋아한다.
At best, he is a second-rate singer.	기껏해야 그는 2류 가수다.

worst를 이용한 예문들

(32-ㄱ)	This is	the	worst	accident for years.
(32-ㄴ)	She is	the	worst	flatterer.
(32-ㄷ)		The	worst	of the storm is over.

(32-ㄱ)= 이것은 근래에(근년에) 일어난 사고 중에서 최악의 사고다.
(32-ㄴ)= 그녀보다 더 심한 아첨쟁이는 없다. (가장 심한 아첨쟁이다)
(32-ㄷ)= 폭풍의 한고비는 지나갔다.

* accident [ǽksidənt] 사고   * for years 여러 해 동안   * flatterer [flǽtərə] 아첨하는 사람
* storm [stɔ:rm] 폭풍, 폭풍우, 눈보라   * is over ~이 끝나다

most 를 이용한 문장들

most의 뜻: 1) 제일 많은, 제일 많이 2) 가장 ~ 3) ~의 대부분

You have the most books in my class.	우리 반에서 네가 책이 제일 많다.
She has (the) most money, but (she) is not the happiest.	그녀는 돈을 제일 많이 가지고 있다. 그러나 제일 행복하지는 않다.
Most of the books are of no use.	그 책들 대부분은 쓸모없다.
Most of the students study hard.	그 학생들 대부분은 열심히 공부한다.
Her kind advice pleased me (the) most.	나를 제일 기쁘게 해준 것은 그녀의 친절한 충고였다.
Who talked (the) most ?	누가 말을 제일 많이 했냐?

* of no use (= useless) 쓸모없는   * advice 충고   * please 기쁘게 해주다

연·습·문·제 47

다음 단어의 최상급을 쓰시오.

(1)	strong	[strɔːŋ]	강한, 견고한	
(2)	large	[laːrdʒ]	큰, 과장된	
(3)	many	[méni]	많은, 여러	
(4)	quiet	[kwáiət]	조용한, 고요한	
(5)	bad	[bæd]	나쁜, 상한	
(6)	precious	[préʃəs]	귀중한, 소중한	
(7)	graceful	[gréisfəl]	우아한	
(8)	much	[mʌtʃ]	많은, 많이	
(9)	great	[greit]	위대한, 큰	
(10)	difficult	[dífikəlt]	어려운, 힘드는	
(11)	little	[litl]	작은, 사소한	
(12)	ill	[il]	아픈, 나쁜	

(13)	fat	[fæt]	살진, 비만	
(14)	far	[faːr]	먼, 멀리	
(15)	wicked	[wíkid]	사악한, 심술궂은	
(16)	warm	[wɔːrm]	더운, 따뜻한	
(17)	big	[big]	큰, 관대한	
(18)	happily	[hǽpili]	행복하게	
(19)	happy	[hǽpi]	행복한	
(20)	good	[gud]	선량한, 좋은	
(21)	sharp	[ʃaːrp]	날카로운	
(22)	early	[ə́ːrli]	일찍, 이른	
(23)	well	[wel]	잘, 건강한	
(24)	bright	[brait]	빛나는, 총명한	

(25)	poor	[puər]	가난한, 초라한	
(26)	easily	[íːzili]	쉽게	
(27)	joyful	[dʒɔ́ifəl]	기쁜	
(28)	gracious	[gréiʃəs]	자비로운, 인자한	
(29)	important	[impɔ́ːrtənt]	중요한	
(30)	quickly	[kwíkli]	서둘러, 빨리	
(31)	childish	[tʃáildiʃ]	유치한	
(32)	tired	[táiərd]	피곤한, 싫증난	

연·습·문·제 48

다음의 우리말을 영어로 쓰시오.

(1-a) 제인은 예쁘다.
(1-b) 제인은 너만큼 예쁘다.
(1-c) 제인은 너보다 (더) 예쁘다.
(1-d) 제인은 우리들 중에서 제일 예쁘다.

(2-a) 제인은 아름답다.
(2-b) 제인은 수잔(Susan)만큼 아름답다.
(2-c) 제인은 수잔보다 더 아름답다.
(2-d) 제인은 자기의 반에서 제일 아름답다.

(3-a) 톰은 좋은 수영선수다.(a good swimmer)
(3-b) 톰은 너처럼 좋은 수영선수다. (as good a swimmer as~)
(3-c) 톰은 너보다 좋은 수영선수다.
(3-d) 톰은 우리들 중에서 가장 우수한 수영선수이다.

(4-a) 그이는 테니스(tennis)에 능하다.   * be good at ~ ~에 능하다
(4-b) 그이는 탁구만큼 테니스에도 능하다.
(4-c) 그이는 탁구보다 테니스를 더 잘 한다.

(5-a) 좋은 습관(good habits)은 중요하다.
(5-b) 좋은 습관은 좋은 행실(good manners)만큼 중요하다.
(5-c) 좋은 습관은 좋은 행실보다 중요하다.
(5-d) 좋은 습관은 좋은 행실보다 덜 중요하다.
(5-e) 좋은 습관은 모든 것 중에서(of all) 가장 중요하다.

(6-a) 나의 아들은 매우 조심스럽게 운전하다.   * carefully 조심스럽게
(6-b) 나의 아들은 당신의 아들만큼 조심스럽게 운전하다.
(6-c) 나의 아들은 당신의 아들보다 더 조심스럽게 운전한다.
(6-d) 나의 아들은 그들 중에서 제일 조심스럽게 운전한다.

(7-a) 그녀는 많은 돈을 가지고 있다.
(7-b) 그녀는 너만큼 많은 돈을 가지고 있다.
(7-c) 그녀는 너보다 더 많은 돈을 가지고 있다.
(7-d) 그녀는 우리들 중에서 가장 많은 돈을 가지고 있다.

(8-a) 너는 열심히 일해야 한다.
(8-b) 너는 너의 형처럼 열심히 일해야 한다.
(8-c) 너는 너의 형보다 더 열심히 일해야 한다.

(9-a) 한국인(The Koreans)은 세계에서 가장 부지런한(industrious) 국민이다.
(9-b) 한국은 세계에서 가장 번영하는(prosperous) 나라가 될 수 있다.
(9-c) 그는 우리나라에서 가장 위대한(great) 인물(figure)이다.

LESSON
8

LESSON 8

I know that Tom studies hard

I know that + 주어 + 동사   01

(1-b)를 다음과 같이 영작한다. ( )안에 있는 **that**은 생략해도 된다.

(1-a)　　톰이 너를 좋아한다.
(1-b) 나는 톰이 너를 좋아한다는 것을 안다.　} 의 비교

	나는 안다	(1-a)
(1-a)=		Tom likes you.
(1-b)=	I know (that)	Tom likes you.

• (1-b) = 나는 안다 (that) + 톰이 너를 좋아한다.

(2-a)　　그녀는 매우 열심히 공부한다.
(2-b) 나는 그녀가 매우 열심히 공부한다고 생각한다.　} 의 비교

	나는 생각한다	(2-a)
(2-a)=		She studies very hard.
(2-b)=	I think (that)	she studies very hard.

(3-a)　　제인은 친절하다.
(3-b) 톰은 제인이 친절하다고 말하네요.　} 의 비교

	톰은 말한다	(3-a)
(3-a)=		Jane is kind.
(3-b)=	Tom says (that)	Jane is kind.

• (3-b)= 톰은 말하네요 (that) + 제인은 친절하다.

(4-a)　　제인은 약속을 지킬 것이다.
(4-b) 나는 제인이 약속을 지킬거라고 확신합니다.　} 의 비교

• (4-b)를 아래와 같이 작문한다.
• (4-b)= 나는 확신합니다 + (that) + 제인은 약속을 지킬 것이다.

그러므로 아래와 같이 된다.

	나는 확신합니다	(4-a)
(4-a)=		Jane will keep her promise.
(4-b)=	I am sure (that)	Jane will keep her promise.

* be sure (that) ~ = ~를 확신하다, ~를 굳게 믿다.
* keep (지키다) one's (아무개의) promise (약속) = 약속을 지키다

• one's의 자리에는 my, our, your, his, her, their 중에서 골라 사용한다. 즉, one's는 소유격의 대표이다. 또, sure 대신에 certain [sə́:rtən]을 사용해도 된다.

216　•　LESSON 8　　　　　　　　　　　　　　　　반가운 영어

다음의 예문에서 종속절에 있는 동사를 눈여겨보세요.

	주절		종속절		
			조동사	본동사	
(1)	I think	Tom		studies	very hard.
(2)	I think	Tom		studied	very hard.
(3)	I think	Tom	will	study	very hard.
(4)	I think	Tom	must	study	very hard.
(5)	I think	Tom	can	study	very hard.
(6)	I think	Tom	could	study	very hard.
(7)	I think	Tom	is	studying	very hard.
(8)	I think	Tom	was	studying	very hard.
(9)	I think	Tom	does not	study	very hard.
(10)	I think	Tom	did not	study	very hard.

※ 종속절 앞에 즉, **Tom** 앞에 **that**을 사용해도 된다.

(1)= 나는 톰이 매우 열심히 공부한다고 생각한다.
(2)= 나는 톰이 매우 열심히 공부했다고 생각한다.
(3)= 나는 톰이 매우 열심히 공부할 거라고 생각한다.
(4)= 나는 톰이 매우 열심히 공부해야 한다고 생각한다.
(5)= 나는 톰이 매우 열심히 공부할 수 있다고 생각한다.
(6)= 나는 톰이 매우 열심히 공부할 수 있었다고 생각한다.
(7)= 나는 톰이 매우 열심히 공부하고 있다고 생각한다.
(8)= 나는 톰이 매우 열심히 공부하고 있었다고 생각한다.
(9)= 나는 톰이 매우 열심히 공부하지는 않는다고 생각한다.
(10)= 나는 톰이 매우 열심히 공부하지는 않았다고 생각한다.

주절의 동사를 바꾸기　　　02

이번에는 주절의 동사를 눈여겨보아라.

	주절 (主節)		종속절 (從屬節)			
	주어	동사				
(1)	I	believe	that	you	made	a mistake.
(2)	Tom	insists	that	you	made	a mistake.
(3)	I	hear	that	you	made	a mistake.
(4)	I	admit	that	I	made	a mistake.
(5)	I	don't doubt	that	you	made	a mistake.
(6)	I	am sure	that	you	made	a mistake.
(7)	I	am certain	that	you	made	a mistake.
(8)	I	allow	that	you	are	a genius.
(9)	I	said	that	I	was	tired.
(10)	I	suppose	that	you	are	right.

(1)=　나는　당신이　실수했다고　　　믿습니다.
(2)=　톰은　당신이　실수했다고　　　주장하는군요.
(3)=　나는　당신이　실수했다는 것을　들어서 알고 있어요.
(4)=　나는　내가　　실수했다는 것을　인정합니다.
(5)=　나는　당신이　실수했다는 것을　의심하지 않습니다..
(6)=　나는　당신이　실수했다는 것을　확신합니다.
(7)=　나는　당신이　실수했다는 것을　확신합니다.
(8)=　나는　당신이　천재라는 것을　　인정합니다.
(9)=　나는　내가　　피곤하다고　　　말했다.
(10)=　나는　당신 말이　옳다고　　　상상해 봅니다. (아마 당신의 말이 옳을겁니다.)

* believe 믿다　　* mistake 실수 / make a mistake 실수하다　　* insist 주장하다
* hear 들어서 알고 있다　　* admit 인정하다　　* doubt 의심하다
* allow 인정하다　　* said 말했다 <say의 과거임>　　* suppose 상상해보다
* right 옳은, 정당한　　* you are right 네 말이 옳다 / You are wrong 네 말이 그르다

연·습·문·제 49

다음의 영문을 해석하시오.

(1)	You	said	that	Tom	is	gay.
(2)	But I	think	that	you	are	wrong.
(3)	I	am sure	that	you	made	a mistake.
(4)	I	am certain	that	Tom	will get	angry with you.
(5)	I	hear	that	you	are	a liar.
(6)	And I	think	that	you	told	a lie.
(7)	You	should admit	that	you	told	a lie.
(8)	And Jane	asserts	that	Tom	is not	gay.
(9)	She	doubts	that	you	are	his friend.

* gay 동성끼리 연애하는 * but 그러나 * get angry with ~ ~에게 성내다
* liar 거짓말쟁이 * lie 거짓말 * tell 말하다 / tell a lie 거짓말하다
* doubt [daut] 의심하다, ~이 아니라고 생각하다

(10)	Tom	insists	that	I	should lend	him my car.
(11)	But I	think	that	it	is	no way.
(12)	Do you	think	that	I	should lend	him my car?
(13)	You	will say	that	I	am	right.
(14)	Tom	said	that	I	need not be	chicken.
(15)	I	confess	that	I	am	chicken.
(16)	I	pray	that	he	may not get	sulky.

* lend 빌려주다 * no way 말도 안 된다 * be chicken 겁먹다
* confess 고백하다 * pray 기도하다 * sulky 토라진, 시무룩한
* get sulky 토라지다

시제의 일치 03

주절의 동사가 과거시제이면 종속절의 동사는 과거시제를 사용해야 한다.
(아래 문장의 뜻은 다음 페이지에 있어요)

	주절		종속절				
	주어	동사	접속사	주어	조동사	본동사	
(1)	I	said	that	Jane		studied	hard.
(2)	I	said	that	Jane	was (is)	studying	hard.
(3)	I	said	that	Jane	could (can)	study	hard.
(4)	I	said	that	Jane	did (does)not	study	hard.
(5)	I	said	that	Jane	would (will)	study	hard.
(6)	I	said	that	Jane	might (may)	study	hard.

주의 주절의 동사가 과거이기 때문에 종속절에도 과거시제를 사용해야 한다. ( ) 안에 있는 것은 안 된다. **studied** 대신에 **studies**를 사용하면 안 된다. 왜 그럴까? 아래의 문장을 보면 그 이유를 알 수 있다.

A month ago Tom said that he is hungry.
한달 전에   톰은 말했다   지금 배고파요.

"지금 배가 고프다고 한 달 전에 말했다"는 이치에 안 맞다. 한 달 전 그 말을 하던 때에 배가 고팠다는 뜻이므로 he was hungry라고 말해야 한다. 그러나 아래의 말은 옳다.

Just now Tom said that he is hungry. <방금 톰은 배고프다고 말했다>

왜 옳을까? 방금 배가 고프다고 말했으니까 지금도 배가 고플 것 아닌가? 그러니까 he is hungry라고 말해야 한다.   나 배가 부르다 = I am full.

* full [ful] 가득한, 가득 채워진, 충분한

보기) full mark 만점, full size 실물 크기, full speed 전 속력, full summer 한 여름,
     a full house 입장 대만원

앞 문장의 뜻

(1)= 나는 제인이 열심히 공부한다고 (공부했다고가 아님) 말했다.
(2)= 나는 제인이 열심히 공부하고 있다고 (하고 있었다고가 아님) 말했다.
(3)= 나는 제인이 열심히 공부할 수 있다고 (있었다고가 아님) 말했다.
(4)= 나는 제인이 열심히 공부하지 않는다고 (않았다고가 아님) 말했다.
(5)= 나는 제인이 열심히 공부할 거라고 말했다.
(6)= 나는 제인이 열심히 공부할지도 모른다고 말했다.

종속절의 동사가 항상 현재인 것   04

종속절의 내용이 아래 ① ② ③에 해당하면 현재를 사용함

① 언제나 변함없는 진리나 사실

보기) a. 지구는 태양 둘레를 돈다. (The earth goes round the sun.)
　　　b. 2 + 2 = 4 (Two and two are four.)

② 격언이나 속담

보기) a. 실습은 완성의 기초다. (Practice makes perfect.)
　　　b. 시간은 돈이다. (Time is money.)

③ 정해진 사실이나 현재의 습관

보기) a. 나는 오전에 수업이 네 시간 있어. (I have four lessons in the morning.)
　　　b. 나는 일찍 자고 일찍 일어난다. (I keep early hours.)

※ 위에 있는 문장 ① ② ③에는 과거시제를 사용할 수 없다.

* I kept early hours. = 나는 (과거에는) 일찍 자고 일찍 일어났다.

앞에 나온 예문을 보기 쉽게 정리하겠습니다.

		과거		주어	동사(현재)	
(1)	Ann	said	that	the earth	goes	(a)round the sun.
(2)	Ann	said	that	two and two	are	four.
(3)	Ann	said	that	practice	makes	perfect.
(4)	Ann	said	that	time	is	money.
(5)	Ann	said	that	she	has	four lessons in the morning.
(6)	Ann	said	that	she	keeps	early hours.

(1)= 앤은 지구는 태양의 둘레를 돈다고 말했다.
(2)= 앤은 2더하기 2는 4라고 말했다.
(3)= 앤은 실습은 완성의 기초라고 말했다. (실습이 완성을 만든다)
(4)= 앤은 시간은 돈이라고 말했다.
(5)= 앤은 오전에 수업이 4시간 있다고 말했다.
(6)= 앤은 일찍 자고 일찍 일어난다고 말했다.

참고로 이것에 속하는 것들을 소개한다.
아래의 문장이 종속절이 될 경우, 이 문장에 있는 동사를 과거시제로 바꿀 수 없다.

   a. London is in England. (런던은 영국에 있다.)
   b. Teaching is learning. (가르치는 일이 곧 배우는 일이다.)
   c. Money rules the world. (돈이 세상을 지배한다.)
   d. Misfortunes never come singly. (불행은 꼭 겹쳐 온다.)
   e. Good time only comes once. (기회는 한 번 밖에 안 온다.)
   f. The good die young. (착한 사람은 요절한다.)

* rule 지배하다   * misfortune 불운, 불행   * singly 따로따로, 단독으로
* once 한번   * die young 요절하다
* the good 착한 사람들 / 비슷한 말: the old 늙은 사람들, the poor 가난한 사람들

동사 외우기   05

아래에 있는 동사 뒤에는 "that + 주어 + 동사"가 올 수 있다.
( )안에 있는 것은 과거임

(1)	learn	[lə:rn]	배우다, 들어서 알다
(2)	remember	[rimémbər]	기억하다, 생각나다
(3)	shout	[ʃaut]	외치다. 큰 소리로 말하다
(4)	realize	[ríːəlaiz]	깨닫다, 실감하다
(5)	expect	[ikspékt]	예상하다, 기대하다
(6)	announce	[ənáuns]	알리다, 발표하다
(7)	hope ≠ fear	[houp]	희망하다 ≠ be afraid
(8)	explain	[ikspléin]	설명하다
(9)	complain	[kəmpléin]	불평하다

(10)	assert	[əsə́:rt]	주장하다, 우기다
(11)	deny	[dinái]	부인하다, 거부하다
(12)	forget (forgot)	[fɔrgét]	잊다, 망각하다
(13)	find (found)	[faind]	발견하다, 깨닫다
(14)	promise	[prámis]	약속하다
(15)	tell (told) + ~에게	[tel]	~에게 말하다
(16)	convince + ~에게	[kənvíns]	~에게 확신시키다

 ## to의 유무

아래 문장에서 to의 유무(有無)에 유의할 것

(1)	He	confessed	(to	me)	that	he was chicken.
(2)	I	announced	(to	them)	that	the danger was at hand.
(3)	I	complained	(to	Mother)	that	my allowance is too small.
(4)	I	explained	(to	her)	that	I should go at once.
(5)	I	said	(to	him)	that	I must leave Seoul.
(6)	I	shouted	(to	them)	that	the bridge was dangerous.
(7)	I	promised		(her)	that	I would help her.
(8)	Jane	told		me	that	she wanted much money.
(9)	I	convinced		him	that	he was wrong.

(1)= 그는 (나에게) 겁을 먹고 있다고 실토했다.
(2)= 나는 (그들에게) 위험이 코앞에 다가와 있다고 알려주었다.
(3)= 나는 (엄마에게) 용돈이 너무 적다고 투덜거렸다.
(4)= 나는 (그녀에게) 내가 당장 가야 하는 입장임을 설명해주었다.
(5)= 나는 (그이에게) 내가 서울을 떠나야 한다고 말했다.
(6)= 나는 (그들에게) 그 다리가 위험하다고 큰 소리로 외쳤다.
(7)= 나는 (그녀에게) 그녀를 도와주겠다고 약속했다.
(8)= 제인은 나에게 자기가 돈이 많이 부족하다고 (또는 많은 돈을 원한다고) 말했다.
(9)= 나는 그이에게 그이의 말이 그르다는 것을 깨우쳐 주었다.

* danger 위험   * be at hand 코앞에 다가와 있다   * allowance 용돈
* too 너무   * at once 당장, 즉시   * leave 떠나다   * bridge 다리
* dangerous 위험한

 주의 (1) (2) (3) (4) (5) (6)의 문장에서는 "to + 사람"이 없어도 된다.
(7)의 문장에서는 her가 없어도 된다.
(8) (9)의 문장에서는 me, him이 없으면 안 된다.

연·습·문·제 50

( ) 안에 to 가 필요한 것은 어느 것인가?

(1) She announced (   ) him that she is his mother.
(2) I said (   ) her that I loved her.
(3) She promised (   ) me that she would study hard.
(4) I confessed (   ) her that I was not single.
(5) I convinced (   ) them that the situation was critical.
(6) She shouted (   ) me that there were mines.
(7) Jane told (   ) me that she could play the piano.

* **single** 독신의, 단독의   * **situation** 형세, 국면
* **critical** 아슬아슬한, 위독한   * **mine** 지뢰

연·습·문·제 51

ⓐ ⓑ ⓒ ⓓ 중에서 옳지 않은 것은 어느 것인가?

(1) ⓐ She said that she was sick.
　　ⓑ I found that we could not save them.
　　ⓒ He said that he was busy.
　　ⓓ He said that knowledge was power.

* **save** 구조하다   * **knowledge** [nálidʒ] 지식, 앎
* **power** [páuər] 힘, 권력

(2) ⓐ I thought that he would win the prize.
　　ⓑ He said that there was no royal way to learning.
　　ⓒ She thought that he might help her.
　　ⓓ I hear that you were rich.

(3) ⓐ He didn't know that Sunday was the first day of the week.
　　ⓑ I know that he is your father.
　　ⓒ I know that he helped many poor people.
　　ⓓ I remember that you visited me once.

(4) ⓐ He said that the earth moves round the sun.
　　ⓑ She said that love is stronger than friendship.
　　ⓒ She found that she can not solve the problem.
　　ⓓ She knew that the earth is larger than the moon.

(5) ⓐ She said that misfortunes never come singly.
　　ⓑ I did not imagine that money rules the world.
　　ⓒ He said that seeing was believing.
　　ⓓ I did not realize that practice makes perfect.

연·습·문·제 52

아래의 문장을 해석하시오.

(1) He said that he could not understand me.
(2) They saw that the door was open.
(3) I learned that she was sick in bed.
(4) I expect that you will pass the exam.
(5) She promised that she would lend me her car.
(6) This shows that he is telling the truth.
(7) I don't doubt that you are my best friend.
(8) He boasted that he could swim across the river.
(9) She felt that Tom no longer loved her.
(10) I forgot that you don't like apples.   ※ didn't도 가(可)

(11) I hope that it will rain tomorrow.
(12) I am afraid that it will rain tomorrow.
(13) I guess that it is going to rain tomorrow.
(14) I heard that she is sick in bed.   ※ is 대신에 was도 가(可)
(15) I remember that you pinched me in the arm.
(16) He proved that she was innocent.

* understand me 내 말을 이해하다   * truth 진실 / tell the truth 진실을 말하다
* learn 들어서 알다, 배우다   * boast 자랑하다   * no longer 이제는 ~하지 않다
* feel 느낌으로 알다   * be afraid that ~하지나 않을까 걱정하다
* guess 짐작하다   * be sick in bed 병으로 누워 있다   * pinch 꼬집다
* prove 증명하다   * innocent 결백한, 죄가 없는

(17) He regrets that he was rude to her.
(18) She found that it was impossible.
(19) I admit that you are innocent.
(20) He realized that the situation was critical.
(21) She insists that her son is innocent.
(22) I explained to him that we could not leave.
(23) I told him that there is no royal road to learning.
(24) I convinced him that I was innocent.
(25) He shouted that it was dangerous.

(26) He announced that the rumor was false.
(27) He asserts that he saw a ghost.
(28) He denied that she was his mother.
(29) I confessed that I was wrong.
(30) She complained that the prices were too high.
(31) I fear that it may anger him.
(32) Let us suppose (that) he is innocent.

* regret [rigrét] 서운해 하다, 뉘우치다, 유감으로 생각하다
* rude [ruːd] 버릇없는, 무례한
* royal [rɔ́iəl] 왕실의, 황실의, 당당한, 국립의 / royal road 탄탄대로, 지름길
* rumor [rúːmər] 소문, 풍문   * false [fɔːls] 그릇된, 가짜의, 위조된
* assert [əsə́ːrt] 우기다, 주장하다   * ghost [goust] 유령, 귀신
* deny [dinái] 부인하다, 사실이 아니라고 말하다
* price [práis] 가격, 물가(物價)
* fear [fíər] ~하지 않을까 걱정되다, 두려워하다
* anger [ǽŋgər] 화나게 하다, 분노, 노여움

연·습·문·제 53

아래의 국문을 영어로 말하고 쓰시오.

(1-a) 너는 그이가 결백하다는 것을 깨닫게 될 것이다. (find)
(1-b) 나는 그이가 결백하다고 생각한다. (think)
(1-c) 나는 그이가 결백하다는 것을 인정한다. (admit)
(1-d) 나는 그이가 결백하다는 것을 확신한다. (am sure)
(1-e) 나는 그이가 결백하다는 것을 의심하지 않는다. (don`t doubt)
(1-f) 나는 그이가 결백하다고 말했다. (said)
(1-g) 나는 그녀에게 그이가 결백하다고 말했다. (told her)
(1-h) 너는 그이가 결백하다는 것을 증명해야 한다. (prove)

(2-a) 그것은 옳지 않습니다. (wrong)
(2-b) 그는 그것이 옳지 않다고 우겼다. (asserted)
(2-c) 그는 그것이 옳지 않다는 것을 나에게 설명해 주었다.
(2-d) 그는 그것이 옳지 않다는 것을 나에게 확신시켜 주었다.
(2-e) 나는 그것이 옳지 않다는 것을 깨달았다. (found)
(2-f) 나는 그것이 옳지 않다는 것을 인정합니다. (admit)
(2-g) 나는 그것이 옳지 않다고 확신합니다. (am sure)
(2-h) 그녀는 그것이 옳지 않다고 나에게 말했다. (told)
(2-i) 그녀는 그 소문이 헛소문이라고 말했다. (rumor, false)

주어 + 동사 + wh-(의문사)   07

(1-a) 나는 그이가 부산에 갔다는 것을 압니다.
(1-b) 나는 그이가 어디에 갔는지 압니다. } 의 비교

(1-a)=   I know   that   he went   to Busan.
(1-b)=   I know   where   he went.

(2-a) 그녀가 내일 돌아올 거라고 그이에게 말하시오.
(2-b) 그녀가 언제 돌아올 건지 그이에게 말하시오. } 의 비교

(2-a)=   Tell him   that   she will come back   tomorrow.
(2-b)=   Tell him   when   she will come back.

(3-a) 나는 네가 수미를 사모한다는 것을 안다.
(3-b) 나는 네가 누구를 사모하는지 안다. } 의 비교

(3-a)=   I know   that   you love   Su-mi.
(3-b)=   I know   who(m) you love.

(4-a) 나는 민호가 너를 도와준다는 것을 안다.
(4-b) 나는 누가 너를 도와주는지 안다. } 의 비교

(4-a)= I know that Min-ho helps you.
(4-b)= I know who helps you.

(5-a) 나는 네가 사과를 먹었던 것을 기억하고 있다.
(5-b) 나는 네가 무엇을 먹었던가를 기억하고 있다. } 의 비교

(5-a)= I remember that you ate an apple.
(5-b)= I remember what you ate

(6-a) 나는 네가 그에게 10달러를 주었다는 것을 안다.
(6-b) 나는 네가 그에게 몇 달러를 주었는지 안다. } 의 비교

(6-a)= I know that you gave him ten dollars.
(6-b)= I know how many dollars you gave him.

(7-a) 나는 네가 30세라는 것을 안다.
(7-b) 나는 네가 몇 살인지 안다. } 의 비교

(7-a)=   I know   that   you are   thirty years old.
(7-b)=   I know   how old   you are.

(8-a) 나는 그녀가 기차를 타고 부산에 갔다는 것을 안다.
(8-b) 나는 그녀가 무엇을 타고 부산에 갔는지   안다. } 의 비교

(8-a)=   I know   that   she went to Busan   by train.
(8-b)=   I know   how   she went to Busan.

(9-a) 나는 네가 비 때문에 늦었다는 것을 안다.
(9-b) 나는 네가   왜   늦었는지   안다. } 의 비교

(9-a)=   I know   that   you were late   for the rain.
(9-b)=   I know   why   you were late.

(9-a) 너는 그이가 올거라는 것을   아느냐?
(9-b) 너는 그이가 올건지 안 올건지 아느냐? } 의 비교

(10-a)= Do you know   that   he will come   ?
(10-b)= Do you know   whether   he will come   or not?

232 • LESSON 8   반가운 영어

연·습·문·제 54

ⓐ ⓑ 중에서 옳은 것은 어느 것인가?

(1) ⓐ I know where she lives.
　　ⓑ I know where does she live.

(2) ⓐ Do you know how old she is ?
　　ⓑ Do you know how old is she ?

(3) ⓐ Do you remember what did she say?
　　ⓑ Do you remember what she said ?

(4) ⓐ Can you tell me when he will come back?
　　ⓑ Can you tell me when will he come back?

(5) ⓐ I don't know who are you.
　　ⓑ I don't know who you are.

(6) ⓐ Ask her where is her father.
　　ⓑ Ask her where her father is.

(7) ⓐ I don't know where Tom went.
　　ⓑ I don't know where did Tom go.

(8) ⓐ Did Tom tell you what did Jane buy?
　　ⓑ Did Tom tell you what Jane bought ?

(9) ⓐ Tom told me that health was above wealth.
　　ⓑ Tom told me that health is above wealth.

연·습·문·제 55

밑줄 친 부분을 옳게 고치시오.

(1) I don't know where did he go.
(2) Please tell me what is this.
(3) Please tell me when will you meet him.
(4) I don't know where did he put the key.
(5) Please tell me how tall is the building.
(6) Please tell me where did you find it.
(7) Please tell me how much money does Tom need.
(8) I can't imagine why did you do so.(그렇게 하다)
(9) Please tell me what is your hobby.

(10) Ask him why is he going to give it up. (포기하다)
(11) Do you know whose car is this?
(12) I remember when did he visit me.
(13) Did you say why was Tom absent? (결석하다)
(14) I wonder why did he refuse my offer. (나의 제의를 거절하다)
(15) She will realize how hard did you work.
(16) I forgot how much money did you lend him.
(17) I don't know when will she leave hospital. (퇴원하다)

연·습·문·제 56

아래의 우리말을 영어로 말하고 쓰시오.

(1-a) 김예일이는 어제 부산에 갔습니다. (Yale Kim)
(1-b) 나는 김예일이가 어제 부산에 갔다는 것을 압니다.
(1-c) 나는 김예일이가 어제 어디에 갔는지 압니다.
(1-d) 나는 김예일이가 언제 부산에 갔는지 압니다.
(1-e) 나는 누가 어제 부산에 갔는지 압니다.
(1-f) 나는 김예일이가 왜 부산에 갔는지 압니다.
(1-g) 나는 김예일이가 누구와 함께 부산에 갔는지 압니다.
(1-h) 나는 김예일이가 무엇을 타고 부산에 갔는지 압니다.
(1-i) 나는 김예일이가 부산에 갔는지 안 갔는지 압니다.

(2-a) 그녀는 1,000 달러가 필요하다.
(2-b) 나는 그녀가 1,000달러가 필요하다는 것을 압니다.
(2-c) 그녀는 자기가 몇 달러 필요한지 말했느냐?
(2-d) 그녀가 1,000달러가 필요한지의 여부를 나에게 말하시오.
(2-e) 그녀가 왜 1,000달러 필요한지 본인에게 물어보시오.
(2-f) 누가 1,000달러 필요한지 너는 알 필요 없다.
(2-g) 그녀에게 무엇이 필요한지 나에게 말하시오.
(2-h) 그녀는 돈이 얼마 필요한지 나에게 말하지 않았다.

(3-a) 당신이 누구인지 나에게 말하시오.
(3-b) 당신이 몇 살인지 아무에게도 말하지 마시오.
(3-c) 그녀가 몇 살일까? (그게 궁금하다는 뜻)   * I wonder ~
(3-d) 그녀가 어디 갔는지 궁금하다. (=그녀가 어디 갔을까?)
(3-e) 그녀가 무엇을 원하는지 아무도 모른다. (Nobody knows ~)
(3-f) 그녀가 어디 사는지 그녀 본인에게 물어보아라.
(3-g) 그녀가 그 많은 돈(so much money)이 왜 필요한지 너는 아느냐?
(3-h) 몇 사람이 죽었는지 아무도 모른다.
(3-i) 이 금고(safe) 안에 돈이 얼마 있는지 아무도 모른다.

(4-a) 톰이 서울에 갈 건지 안 갈 건지 너는 아느냐?
(4-b) 너는 누가 톰을 미워하는지 그녀에게 말해야 한다.
(4-c) 너는 누가 누구를 미워하는지 그녀에게 말해야 한다.
(4-d) 네가 무엇을 좋아하는지 나에게 말해라.
(4-e) 그녀가 왜 울고 있는지 나에게 설명해라.
(4-f) 너 왜 결석했는지 나에게 설명해라.
(4-g) 그녀가 무엇에 대하여 불만을 표시하고 있는지 나는 상상이 안 된다.
     * can't imagine   /   is complaining of ~
(4-h) 그녀가 몇 살인지 네 짐작을 말해보아라. (Guess ~)
(4-i) 내가 이 손 안에(in my hand) 무엇을 가지고 있는지 알아맞혀 보아라.
(4-j) 아무도 그녀가 어디 있는지 장담할 수 없다. (nobody can be sure)

주어 + 동사 + wh- + to + 동사   08

아래의 문장은 (a)문장을 (b)문장으로 변환할 수 있다.

(1-a) I don't know what I should do next.
(1-b) I don't know what to   do next.

<나는 다음에 무엇을 해야 좋은지 도무지 모르겠어요>

(2-a) Do you know how you should swim?
(2-b) Do you know how to   swim?

<너 수영하는 방법(또는 요령)을 아느냐?>

(3-a) I explained to Jane when she should invest in stocks.
(3-b) I explained to Jane when to   invest in stocks.

<나는 제인에게 언제 주식에 투자해야 하는지에 대하여 설명해 주었다>

아래 문장의 뜻을 혼동하지 마세요.

(ㄱ)	I	will tell	you	what	you	should do.
(ㄴ)	I	will tell	you	what		to do.
(ㄷ)	I	will tell	you	what	Jane	should do.
(ㄹ)	I	will tell	Jane	what		to do.

(ㄱ) (ㄴ)= 나는 너에게 네가 무엇을 해야만 하는지 말해주마.
(ㄷ)= 나는 너에게 제인이 무엇을 해야만 하는지 말해주마.
(ㄹ)= 나는 제인에게 제인 그녀가 무엇을 해야만 하는지 말해줄 생각이야.

연·습·문·제 57

밑줄 친 부분을 "주어 + should"로 전환하고 또 해석하시오.

(1) May I ask which to buy.
(2) You must decide when to set sail.
(3) We discovered how to solve the problem.
(4) We are thinking whether to invest in stocks or not.
(5) I forgot how to do it.
(6) They hesitated about whether to fight or make peace.
(7) I am not sure whether to work on or to rest.
(8) I am learning how to play (on) the drum.
(9) We discussed which road to take.
(10) She learned how to ride a bicycle.

* decide [disáid] 결심하다, 결정하다   * set sail 출범하다   * sail [seil] 돛, 항해
* discover [diskʌ́vər] 발견하다   * solve [sɔlv] ~를 풀다
* problem [prábləm] 문제, 골칫거리   * invest 투자하다
* stock [stak] 주식, 재고(품)   * forget 잊다, 망각하다   * hesitate 망설이다
* fight [fait] 싸우다   * make peace 화해하다, 화친하다
* work on 계속해서 일하다   * rest 휴식하다, 휴식, 나머지   * drum 북, 드럼
* discuss [diskʌ́s] 토의하다, 의논하다   * road [roud] 길, 도로
* take 택하다, 잡다, 갖다   * ride [raid] (탈것을) 타다   * bicycle [báisikl] 자전거

 ## 알아두면 유익한 영어 문장　09

나는 그이의 배를 한 대 쥐어박았다.	I punched him in the stomach.
그녀는 그이의 뺨을 갈겼다.	She slapped him across the face.
그녀는 나의 팔을 꼬집었다.	She pinched me on the arm.
그녀는 팔꿈치로 나의 옆구리를 쿡 찔렀다.	She nudged me in the ribs.
나는 그이의 어깨를 가볍게 두드렸다.	I tapped him on the shoulder.
나는 머리를 절레절레 흔들었다.	I shook my head.
그는 머리를 끄덕였다.	He nodded his head.
우리들은 악수했다.	We shook hands.

그녀는 팔을 흔들어 그이와 작별했다.	She waved goodby(e) to him.
우리들은 손을 맞잡았다.	We held hands.
그는 팔짱을 끼었다.	He folded his arms.
그는 다리를 꼬고 앉았다.	He sat cross-legged. He sat with his legs crossed. He sat crossing his legs.
나는 다리를 꼬았다.	I crossed my legs.
그는 어깨를 으쓱했다.	He shrugged his shoulders.
그녀는 윙크로 나에게 신호를 보냈다.	She winked at me.
나는 머리가 빙빙 돌았다.	My head swam.

학 습 진 단

- 전체 내용이 어느 정도 학습되었는지 진단합니다. -

다음의 우리말을 영어로 말하시오.
(1) 나는 어제 그이와 함께 부산에 갔다.
(2) 너는 어제 그이와 함께 부산에 갔느냐?
(3) 너는 어제 어디에 갔느냐?
(4) 너는 언제 부산에 갔느냐?
(5) 너는 어제 누구와 함께 부산에 갔느냐?
(6) 톰은 어제 도서관에서 제인을 만났다.
(7) 누가 어제 그 도서관에서 제인을 만났느냐?
(8) 톰은 어제 도서관에서 누구를 만났느냐?
(9) 너는 어제 책을 몇 권 샀느냐?
(10) 너는 돈이 얼마 필요하냐?

(11) 너는 몇 달러 필요하냐?
(12) 이 거리는 매우 넓다.
(13) 이 거리는 너비가 60미터다.
(14) 이 거리는 너비가 얼마입니까?
(15) 와! 이 거리 되게 넓다. (감탄문)
(16) 나는 항상 8시에 학교에 간다.
(17) 너는 몇 시에 학교에 가느냐?
(18) 그 소년은 지금 자기의 어머니를 기다리고 있다.
(19) 지금 자기의 어머니를 기다리고 있는 소년
(20) 지금 자기의 어머니를 기다리고 있는 소년은 톰이다.

(21) 우리들은 지금 자기의 어머니를 기다리고 있는 그 소년을 도와주어야 한다.
(22) 톰은 지금 누구를 기다리고 있느냐?
(23) 톰은 두 시간 전에 자기의 어머니를 기다렸다.
(24) 톰은 두 시간 전에 자기의 어머니를 기다렸느냐?
(25) 누가 너를 기다렸느냐?
(26) 너는 그녀를 기다려야 한다.
(27) 너는 그녀를 기다릴 필요 없다.
(28) 너는 그녀를 기다리는 게 낫다.
(29) 나는 그녀를 기다리곤 했다.
(30) 그녀가 너의 누나임에 틀림없다.

(31) 그녀가 너의 누나일 리 없다.
(32) 그녀는 친절한 간호사가 되어야 한다.
(33) 그 나무 밑에 소가 한 마리 있다.
(34) 그 나무 밑에 무엇이 있냐?
(35) 그 나무 밑에는 소가 없다.
(36) 그 바구니 안에 계란이 몇 개 있냐?
(37) 나의 차는 그 주차장(parking lot) 안에 있다.
(38) 너의 차는 어디에 있냐?
(39) 그 주차장에 차가 세 대 있었다.
(40) 여기가 어디입니까?

(41) 여기는 서울이다.
(42) 지금 몇 시입니까?
(43) 5시 15분입니다.
(44) 5시 20분입니다.
(45) 5시 30분입니다.
(46) 5시 42분입니다.
(47) 5시 45분입니다.
(48) 오늘은 며칠입니까?
(49) 5월 10일입니다.
(50) 오늘은 날씨가 어떻습니까?

(51) 비가 내리고 있습니다.
(52) 맑습니다.
(53) 구름이 끼어 있습니다.
(54) 그는 나에게 시계를 주었다. (시계를 강조)
(55) 그는 시계를 제인에게 주었습니다. (제인을 강조)
(56) 어머니는 나의 동생에게 자전거를 사줄 것이다. (나의 동생을 강조)
(57) Mr. A : 나는 바쁘다.　　　　Mr. B : 나도 그렇다.
(58) Mr. A : 나는 바쁘지 않다.　　Mr. B : 나도 그렇다.
(59) Mr. A : 나는 개를 좋아한다.　Mr. B : 나도 그렇다.
(60) Mr. A : 나는 개를 안 좋아한다.　Mr. B : 나도 그렇다.

(61) 그는 나를 6시 10분에 깨웠다.
(62) 우리들은 아침부터 밤까지 일한다.
(63) 다섯 시까지 돌아오너라.
(64) 다섯 시까지 여기서 기다려라.
(65) 여기서 정거장까지는 거리가 얼마입니까?
(66) 걸어서 20분 거리입니다.
(67) 나는 그 일을 끝내는 데 5일이 걸렸다.
(68) 그들이 그 다리를 건설하는 데 몇 년 걸렸습니까?
(69) 그 다리를 건설하는 데 많은 돈이 들었다.
(70) 그는 그 거리를 달리고 있다.

(71) 러시아워에는(at rush hours) 이 거리를 건너지 마라.
(72) 그는 그 군중을 헤집고 지나갔다. (go through)
(73) 그는 세계를 두루두루 돌아다녔다. (travel round)
(74) 지구는 태양을 돈다. (go, move, travel)
(75) 너희들 중에서 한 사람은 그 호수 쪽으로 가야 한다.
(76) 우리들 중에서 두 명은 학생입니다.
(77) 그들은 그 학교의 교문을 지나 거리로 뛰어나갔다.
(78) 우리에게 커피 두 잔과 우유 세 잔을 가져오세요.
(79) 나는 쇠고기 한 파운드, 빵 세 덩어리, 설탕 두 파운드, 종이 10장이 필요하다.
(80) 그는 그 계단을 기어 올라갔다.

(81) 그는 그 계단을 뛰어 내려갔다.
(82) 그 기차는 얼마나 빠릅니까?
(83) 와! 그 기차 되게 빠르다.
(84) 와! 그 기차 무지무지하게 빨리 달리는구나.
(85) 와! 그것 되게 빠른 기차로구나.
(86) 나는 나의 자녀들을 자랑스럽게 생각한다.
(87) 나는 음악(music)에 흥미가 있다.
(88) 톰은 키가 크다.
(89) 톰은 키가 너만큼 크다.
(90) 톰은 키가 너보다 크다.

(91) 톰은 자기의 반에서 키가 제일 크다.
(92) 톰은 우리들 중에서 키가 제일 크다.
(93) 그것은 좋은 시계다.
(94) 그것은 이것만큼 좋은 시계다.
(95) 그것은 이것보다 좋은 시계다.
(96) 그것은 이 가게에서는 제일 좋은 시계다.
(97) 제인은 수잔만큼 아름답다.
(98) 제인은 수잔보다 아름답다.
(99) 제인은 수잔보다 덜 아름답다.
(100) 그는 한국에서 가장 존경할 만한 교육자다. (an honorable teacher)

(101) 우리들은 악수했다.
(102) 나의 머리가 빙빙 도네요. (am ~ing)
(103) 그녀는 손을 흔들어 나와 작별했다. (wave good-by(e) to)
(104) 그녀는 아름답다기보다는 우아한 편이다. (graceful)
(105) 나는 머리를 절레절레 흔들었다.
(106) 나는 무엇보다도 음악(music)을 좋아합니다.
(107) 그는 기껏해야 2류 배우(actor)다.
(108) 그 소년들 대부분은 야구를 좋아한다.
(109) 내가 너를 가장 잘 안다.
(110) 그는 어깨를 으쓱했다.(shrug)

(111) 그녀는 돈을 가장 많이 가지고 있다. 그러나 가장 행복하지는 않다.
(112) 그녀는 나의 등(back)을 토닥거렸다. (pat)
(113) 그녀는 나에게 윙크로 신호를 보냈다. (wink at)
(114) 그녀는 나의 팔을 꼬집었다.
(115) 그이는 바보라기보다는 멋 부리는 자이다.   * a coxcomb 멋쟁이
(116) 우리들은 손을 맞잡았다.
(117) 누가 노래를 가장 잘합니까?
(118) 그는 군인(soldier)이라기보다는 정치가(statesman)다.
(119) 그는 건강(healthy)하다기보다는 강건(strong)하다.
(120) 무엇이 너를 가장 기쁘게 해주었느냐?

(121) 나는 네가 무엇을 원하는지 모른다.
(122) 너 어제 어디에 갔는지 나에게 말해라.
(123) 너는 누가 그 사과를 먹었는지 아느냐?
(124) 왜 그녀가 갑자기(suddenly) 떠났는지 나에게 설명해라.
(125) 네가 몇 달러 가지고 있는지 나는 안다.
(126) 내일 비가 올지 안 올지 나는 장담할 수 없다.
(127) 왜 그녀가 너를 사랑하는지 궁금하다.(I wonder ~)
(128) 나는 돈이 세상을 지배한다는 것을 깨달았다.
(129) 그이가 언제 죽었는지 너는 왜 말하지 않느냐?
(130) 그 다리가 얼마나 긴지 알아맞혀 보아라.

(131) 언제 그가 돌아올지 아무도 모른다.
(132) 그가 그 문제를 어떻게 풀었는지 누가 알겠는가? (who knows ~?)
(133) 지금 몇 시인지 저에게 말해주세요.
(134) 너는 그녀가 유죄라고 우기지 않는 게 낫다. (insist, guilty)
(135) 나는 자전거 타기를 (타는 방법을) 배우고 있습니다.

격 언

"Learning is better than house and land"

학문은 집과 토지보다 낫다.

- 해답 및 풀이 -

연습문제 1

(1) worked   (2) severed   (3) wanted   (4) visited   (5) tapped
(6) cried   (7) delayed   (8) slammed   (9) helped   (10) ended
(11) slumbered (12) referred   (13) stabbed   (14) walked   (15) sharpened
(16) excelled   (17) travel(l)ed (18) succeeded (19) cleaned   (20) stopped
(21) sinned   (22) returned   (23) added   (24) repeated

연습문제 2

(1) Does Tom like the teacher? (2) Did Tom like the teacher?
(3) Does Jane study English very hard? (4) Did Jane study English very hard?
(5) Does she phone (call) Tom very often? (6) Did she phone (=call) Tom very often?
(7) Do they work very hard? (8) Did they work very hard?
(9) Does my uncle live in that house?
(10) Did my uncle live in that house many years ago?
(11) Is Jane very kind? (12) Does Jane go to school by bus?

(13) Did she tap you on the shoulder? <제인이 너의 어깨를 토닥거렸느냐?>
(14) Did the heavy rain delay the bus? <그 폭우 때문에 버스가 늦게 도착했냐?>
(15) Doesn't he refer to his childhood? <그이는 자기의 어린시절에 대하여 말을 하지 않습니까?>
(16) Must I return this book to the shelf? <제가 이 책을 서가에 되 가져다 놓아야 하나요?>
(17) Does he excel me in mathematics? <그는 나보다 수학이 뛰어납니까?>
(18) Did the jerk repeat a question? <그 멍텅구리가 같은 질문을 또 하고 또 하고 했나요?>

연습문제 3

(1) t   (2) id   (3) id   (4) d   (5) d   (6) id
(7) t   (8) d   (9) t   (10) id   (11) d   (12) t
(13) d   (14) d   (15) d   (16) t   (17) d   (18) t
(19) t   (20) t   (21) d   (22) d   (23) id   (24) t

연습문제 4

(1-a) Mr. Brown (= Mr Brown) visited me last Sunday.
(1-b) Did she visit Mr. Brown last Sunday?
(1-c) Mr. Brown did not visit me last Sunday.
(1-d) Mr Brown seldom visits me.
(1-e) Mr Brown sometimes visits me.

(2-a) He lived in Busan in 2011.
(2-b) Did he live in Busan in 2011?
(2-c) He did not live in Seoul in 2011.
(2-d) Where did he live in 2011?
(2-e) When did he live in Busan?
(2-f) How many years ago did he live in Busan?

(3-a) Mr Kim saved much (= a lot of) money.
(3-b) Did Mr Kim save much money?
(3-c) Mr Kim did not save much money.
(3-d) How much money did Mr Kim save?
(3-e) How many dollars did Mr Kim save?
(3-f) Who saved so much money?
(3-g) For whom did you save so much money?
       = Who(m) did you save so much money for?

(4-a) He usually closes his shop at eight p.m.
(4-b) He closed his shop at nine p.m. yesterday.
(4-c) Did he close his shop at nine p.m. yesterday?
(4-d) He did not close his shop at eight p.m. yesterday.
(4-e) What time did he close his shop yesterday?
(4-f) What time does he generally close his shop?

(5-a) Mr Kim planted a lot of trees yesterday.
(5-b) Did Mr Kim plant many trees yesterday?
(5-c) How many trees did Mr Kim plant yesterday?
(5-d) What did Mr Kim do yesterday?

(6)   Don't slam the door.
(7)   The game ended just now. (= The game was over just now.)
(8)   She referred to her husband.
(9)   Sever the rope in two.
(10) Clean your teeth.
(11) He returned to dust at last.
(12) She excels me in music.
(13) Add water to the whisky.
(14) She danced for joy.

연습문제 5

(1) Does Jane want a new car?
(2) Did Jane want a new car?
(3) Do Tom and Jane like dogs?
(4) Did Tom and Jane like dogs?
(5) Is she sick of boiled eggs?
(6) Was she sick of boiled eggs?
(7) Does Jane go to school by subway?
(8) Did Jane go to school by subway?
(9) Does Jane study very hard?
(10) Did Jane study very hard?
(11) Did Miss Kim get up early?
(12) Does Miss Kim get up early?

(13) Does the teacher teach English very well?
(14) Did the teacher teach English very well?
(15) Do the boys swim in the river very often?
(16) Did the boys swim in the river yesterday?
(17) Did Mr Brown buy this car last month?
(18) Does Jane usually do her homework after supper?
(19) Did Jane do her homework after supper yesterday?
(20) Does she know the way?
(21) Did she know all about it?
(22) Did she have much money?

연습문제 6

(1)	went	갔다		(2)	got	얻었다, 샀다
(3)	met	만났다		(4)	bought	샀다
(5)	ate	먹었다		(6)	drove	운전했다
(7)	taught	가르쳤다		(8)	wrote	(글, 문장을) 썼다
(9)	had	가지고 있었다		(10)	sold	팔았다
(11)	did	(숙제따위를) 했다		(12)	read	읽었다 [red]
(13)	made	만들었다		(14)	spoke	말했다
(15)	swam	수영했다		(16)	saw	보았다, 알았다
(17)	ran	달렸다		(18)	came	왔다
(19)	sat	앉았다		(20)	felt	느꼈다
(21)	said	말했다		(22)	knew	알았다
(23)	left	떠났다, 남겼다		(24)	found	발견했다. 깨달았다
(25)	flew	날았다, 비행했다		(26)	was	~이었다, 있었다
(27)	was	~이었다, 있었다		(28)	were	~이었다, 있었다

연습문제 7

(1) We did not visit him yesterday.
(2) I do not know his telephone number.
(3) I did not know his telephone number.
(4) He did not go to Busan by train.
(5) He did not drive carefully.
(6) I did not say goodbye to him
(7) We did not have a good time at the picnic.
(8) Jane was not a teacher.
(9) She did not fail in the exam.
(10) I did not do my homework after supper.
(11) He does not have a cold.
(12) There is no church in the village.
(13) He did not refer to his wife.
(14) I did not find the key in the drawer.
(15) I did not meet him in the park.
(16) The teacher does not teach English very well.

연습문제 8

(1) last year
(2) last night
(3) on Tuesday
(4) last Tuesday
(5) five months ago
(6) ten years ago
(7) in March
(8) in 1990
(9) on Sunday
(10) in spring
(11) this morning
(12) tomorrow morning

(13) yesterday morning
(14) Mr. Smith went to the zoo yesterday.
(15) Mr. Smith did not go to the zoo yesterday.
(16) Did Mr. Smith go to the zoo yesterday?
(17) When did Mr. Smith go to the zoo?
(18) Where did Mr. Smith go yesterday?
(19) Who went to the zoo yesterday?
(20) She buys a lot of eggs every week.

(21) Does she buy many eggs every week?
(22) She bought a lot of eggs yesterday.
(23) Did she buy many eggs yesterday?
(24) How many eggs did she buy yesterday?
(25) Why did she buy many eggs?
(26) She did not buy many eggs yesterday.
(27) What did she buy yesterday?

(28) Miss Barn sometimes goes to the park.
(29) Miss Barn went to the park last Sunday.
(30) Did Miss Barn go to the zoo last Sunday?
(31) Where did Miss Barn go last Sunday?
(32) Who went to the park last Sunday?
(33) Miss Barn did not go to the park last Sunday.

(34) Go to the park.
(35) Don't go to the park.
(36) Let's go to the park.
(37) Let's not go to the park.

(38) I met the writer in 1990.
(39) The writer died last year.
(40) Did the writer die last year?
(41) When did the writer die?
(42) His sister is a nurse.
(43) His sister was a nurse.
(44) Was his sister a nurse ?

(45) There were two cars in front of your house.
(46) Were there two cars in front of your house?
(47) How many cars were there in front of your house?
(48) Where is your father?
(49) Where am I?
(50) He often wrote to his mother.
(51) He did not write to his mother.
(52) Did he often write to his mother?

연습문제 9

(1) studying
(2) living
(3) making
(4) putting
(5) walking
(6) teaching
(7) getting
(8) reading
(9) swimming
(10) running
(11) sleeping
(12) painting
(13) going
(14) stopping
(15) coming
(16) inviting
(17) looking
(18) arriving
(19) waiting
(20) dying
(21) opening
(22) beginning
(23) tying
(24) meeting
(25) preferring
(26) remembering
(27) admitting
(28) visiting
(29) lying
(30) referring
(31) canning
(32) sitting
(33) picnicking
(34) lacking

연습문제 10

(1-a) dancing
(1-b) the dancing girl
(1-c) is dancing
(2-a) flying

(2-b)	the flying bees	(2-c)	is (are) flying
(3-a)	sleeping	(3-b)	the sleeping baby
(3-c)	is (are) sleeping	(4-a)	fading
(4-b)	the fading flowers	(4-c)	is fading
(5-a)	falling	(5-b)	the falling leaves
(5-c)	is falling	(6-a)	dying
(6-b)	the dying trees	(6-b)	is dying

연습문제 11

(1-a)	the dancing girl	(1-b)	The girl is dancing (now).
(1-c)	The girl dances very beautifully.	(1-d)	The girl danced very beautifully.
(2-a)	the rising sun	(2-b)	The sun is rising.
(2-c)	The sun rises at seven tomorrow.	(2-d)	The sun rose at seven yesterday.
(3-a)	the flying birds	(3-b)	The birds are flying high up in the sky.
(3-c)	The birds fly high up in the sky in fall.		
(4-a)	the fading flowers	(4-b)	The flowers are fading.
(5-a)	the crying baby	(5-b)	The baby is crying.
(5-c)	The babies are crying.		
(6-a)	the setting sun	(6-b)	The sun is setting below the horizon.
(6-c)	The sun sets at seven today.		
(7-a)	the falling leaves	(7-b)	The leaves are falling.
(8-a)	the trembling leaves	(8-b)	The leaves are trembling in the breeze.
(9-a)	the dying fire	(9-b)	The fire is dying.

연습문제 12

(1) Tom is not listening to the radio.
(2) Tom does not listen to the radio every morning. <톰은 아침마다 라디오를 청취하지는 않는다>
(3) Tom did not listen to the radio just now.
(4) Tom was not listening to the radio then.
(5) Tom was not in the library.
(6) There are not many children in the garden.
(7) Let's not play tennis.
(8) Don't be kind to strangers.
(9) Don't come in.
(10) She did not make much money last year.
   ※ 부정문에서는 a lot of를 사용하지 않는다. a lot of 대신에 much나 many 를 사용해야 한다.

연습문제 13

(1) Is Jane doing her homework now?
(2) Was Jane doing her homework then?
(3) Does Jane do her homework after supper?
(4) Did Jane do her homework in the library?
(5) Are there many trees along the road?
(6) Is Tom under the tree?
(7) Are the students getting out of the bus?
(8) Did Tom look for the key?
(9) Does Susan study English very hard?
(10) Does Ted love his grandfather very much?

연습문제 14

(1-a)   She is waiting for her mother (now).
(1-b)   Is she waiting for her mother (now)?
(1-c)   Who(m) is she waiting for (now)?
(1-d)   She waited for her mother.
(1-e)   Did she wait for her mother?
(1-f)   Who(m) did she wait for?
(1-g)   How long did she wait for her mother?

(2-a)   I'm looking for my watch.
(2-b)   What are you looking for?
(2-c)   I looked for the camera, but I did not find it.
(2-d)   I did not look for the camera.
(2-e)   Did you look for the camera?
(2-f)   What did you look for?
(2-g)   Who is looking for the camera ?
(2-h)   I was looking for the camera then.   ※ then대신에 at that time을 써도 된다.

(3-a)   The boys are playing in the park.
(3-b)   The boys were playing in the park at that time.
(3-c)   The boys played in the park.
(3-d)   Are the boys playing in the park?
(3-e)   Where are the boys playing?
(3-f)   Where did the boys play?
(3-g)   What are the boys doing?
(3-h)   What did the boys do?

(4)   They are taking (또는 having) a rest now.
(5)   Take (또는 Have) a walk every day.
(6)   I take Dong-A Ilbo.
(7)   Take an umbrella with you.
(8)   She took my advice.
(9)   I took a present from her.
(10)   She took me by the sleeve.

연습문제 15

옳은 것 : (2) (3) (4) (6) (9) (12) (14) (16) (18) (19) (20) (23)

(1)은 The farmer has three sons.라고 해야 한다.
(5)는 I love you.라고 해야 한다.
(7)은 The house stands on the hill.이라고 해야 한다.
(8)은 She knows all the students in the room.이라고 해야 한다.
(10)은 Tom likes dogs.이라고 해야 한다.
(11)은 My uncle wants a car.라고 해야 한다.
(13)은 Jeju-do belongs to Korea.라고 해야 한다.

(14) is resembling은 『닮아가고 있다』이고 resemble은 『닮았다』이다.
　　예문 : Jane resembles her mother. <제인은 자기의 어머니를 닮았다>
(15)는 The earth moves around (또는 round) the sun.이라고 해야 한다.
　　※ around 대신에 round를 써도 된다.
(17)은 The boy watches TV every day.라고 해야 한다.
(20)자기 주소가 아닌 곳에서 일시적으로 거주하고 있으면 is(are, am) living이라고 한다.
(21)은 We see with our eyes.라고 해야 한다.
(22)는 The sun rises in the east and sets in the west.라고 해야 한다.

연습문제 16

(1-a)　그 소녀는 설거지하고 있다.
(1-b)　설거지하고 있는 소녀
(1-c)　설거지하고 있는 소녀는 자기의 어머니에 대하여 긍지를 가지고 있다.

(2-a)　그 의사는 나의 삼촌을 지금 수술하고 있다.
(2-b)　나의 삼촌을 수술하고 있는 그 의사
(2-c)　나의 삼촌을 수술하고 있는 그 의사는 많은 학생들을 도와준다.

(3-a)　그 탤런트는 오페라하우스 안에서 너를 기다리고 있다.
(3-b)　오페라하우스 안에서 너를 기다리고 있는 그 탤런트
(3-c)　오페라하우스 안에서 너를 기다리고 있는 그 탤런트는 나의 아들이다.

(4-a) 그 학생들은 너의 집 뒤에 있다.
(4-b) 너의 집 뒤에 있는 학생들
(4-c) 너의 집 뒤에 있는 학생들은 나의 친구들이다.

(5-a) 그 차는 대문에 있다.
(5-b) 그 대문에 있는 차
(5-c) 그 대문에 있는 차는 나의 아버지의 것이다.

(6-a) 대문에 서 있는 그 소년은 자기의 아버지를 기다리고 있다.
(6-b) 수영장에서 수영하고 있는 그 소년은 나의 형이다.
(6-c) 요람에서 잠자고 있는 그 아기는 감기 걸려 있다.
(6-d) 그 집 뒤에 있는 정원에서 숨바꼭질을 하고 있는 그 어린이들은 대문에 있는 그 농부를 좋아한다.

(7) 그들은 지금 산책하고 있다.
(8) 나는 지금 휴식하고 있다.
(9) 우리들은 지금 게임을 하고 있다.
(10) 우리들은 어제 소풍갔다.
(11) 나는 지금 목욕하고 있다.

연습문제 17

(1) ⓐ   (2) ⓑ   (3) ⓐ   (4) ⓐ   (5) ⓑ   (6) ⓐ
(7) ⓐ   (8) ⓑ   (9) ⓑ   (10) ⓐ   (11) ⓑ

연습문제 18

(1-a) The sleeping child
(1-b) The child is sleeping in the bed.
(1-c) the child sleeping in the bed
(1-d) The child sleeping in the bed is five years old.
(1-e) Don`t wake the child sleeping in the bed.

(2-a)   The student is listening to the radio.   (2-b)   the student listening to the radio
(2-c)   The student listening to the radio is interested in music.
(2-d)   I sometimes meet the student listening to the radio.

(3-a)   The big dog is at the gate.   (3-b)   the big dog at the gate
(3-c)   The big dog at the gate is very clever.
(3-d)   I am afraid (= scary)of the big dog at the gate.
(3-e)   The big dog at the gate is mine.   (3-f)   I like the big dog at the gate.

(4-a)   The children are swimming in the swimming pool.
(4-b)   the children swimming in the swimming pool
(4-c)   The swimming pool is over there.   (4-d)   the swimming pool over there
(4-e)   The children swimming in the swimming pool over there live around here.
(4-f)   The children swimming in the swimming pool over there like me.

(5-a)   The student is reading a book under the tree.
(5-b)   the student reading a book under the tree
(5-c)   The tree is by the well.   (5-d)   the tree by the well
(5-e)   The student reading a book under the tree by the well is my brother.
(5-f)   I know very well the student reading under the tree by the well.
        비교 : I know the student very well.

연습문제 19

(1-a)   will learn   (1-b)   can learn
(1-c)   may learn   (1-d)   may learn
(1-e)   must learn   (1-f)   should learn
(2-a)   will fix   (2-b)   can fix
(2-c)   may fix   (2-d)   may fix
(2-e)   must fix   (2-f)   should fix
(3-a)   will clean   (3-b)   can clean
(3-c)   may clean   (3-d)   may clean

(3-e)   must clean   (3-f)   should clean
(4-a)   should teach   (4-b)   may teach
(4-c)   will teach   (4-d)   can teach
(4-e)   may teach   (4-f)   must teach

연습문제 20

(1) Does he go to school by subway?
(2) Did he go to school by subway?
(3) Will he go to school by subway?
(4) Must he go to school on foot?
(5) Can he speak English?
(6) Should we help the poor?
(7) Is he an engineer?
(8) Does he do his duty without fail?
(9) Did he do his best ?
(10) May I take the book out of the library?

연습문제 21

(1) You need not meet him.
(2) She cannot be your mother.
(3) You must not use my toothbrush.
(4) I may not be late.
(5) He did not make many mistakes. <많은 실수를 한 것은 아니다>
(6) He cannot be American.
(7) You must not smoke here.
(8) He cannot teach English.
(9) She is not American.
(10) There is no car in front of your house. 또는 There isn't any car in front of your house.

연습문제 22

(1-a)　He helps the poor old man.
(1-b)　He helped the poor old man.
(1-c)　He is helping the poor old man.
(1-d)　He was helping the poor old man at that time.
(1-e)　He will help the poor old man.
(1-f)　He can help the poor old man.
(1-g)　He may help the poor old man. = Perhaps he will help the poor old man.
(1-h)　He must help the poor old man. 또는 He should help the poor old man.

(2-a)　Jane is fifteen years old.
(2-b)　Jane must be fifteen years old.
(2-c)　Jane cannot be fifteen years old.
(2-d)　Jane may be fifteen years old.
(2-e)　Jane was fifteen years old.

(3-a)　It is true.　　　　　　　　(3-b)　It may be true.
(3-c)　It may not be true.　　　　(3-d)　It must be true.
(3-e)　It cannot be true.　　　　(3-f)　It was true.

(4-a)　Can (=May) I come in?　　　(4-b)　Yes, you can (come in).
(4-c)　Can (= May) I take this umbrella?
(4-d)　No, you cannot. (= No, you must not.)
　　　　You can (= may) take that one. (여기서는 one = umbrella)

(5-a)　You must leave Seoul at once.　　(5-b)　You need not leave Seoul at once.
(5-c)　You must not leave Seoul now.　　(5-d)　You cannot leave Seoul at once.
(5-e)　He left Seoul yesterday.　　　　　(5-f)　He will leave Seoul tomorrow.

(6-a)　He is a false friend.　　　　　　(6-b)　He must be a false friend.
(6-c)　He cannot be a false friend.　　(6-d)　He may be a false friend.

(7-a)　You may go out now.　　　　　　　(7-b)　You must not go out.
(7-c)　You need not go out.　　　　　　(7-d)　He will go out.
(7-e)　He went out an hour ago.

(8-a) There is a cat under the chair. (8-b) There may be a cat under the chair.
(8-c) There must be a cat under the chair. (8-d) There cannot be a cat under the chair.

(9-a) My father is in Busan. (9-b) My father must be in Busan.
(9-c) My father cannot be in Busan. (9-d) My father was in Busan yesterday.
(9-e) My father will be in Busan tomorrow.

(10) The firemen did not put out the fire. (11) They did not put down the rebellion.
(12) Let's put off our picnic. (13) She put by a lot of money.
(14) Put away these chairs. (15) The poor generally dislike the rich.
(16) The young should respect the old. (17) The foolish sometimes teach the wise.
(18) The living never envy the dead.

연습문제 23

(1) used to practise (2) had better practise
(3) is practicing (4) was practicing
(5) must look for/ should look for / have to look for

(6) need not look for (7) is (am) going to look for
(8) did not look for (9) had better not look for
(10) respect (= look up to) (11) do not respect
(12) respected (= looked up to) (13) did not respect
(14) is (are) looking into (15) was looking into
(16) used to look into

연습문제 24

(1) need (2) must (3) does (4) No (5) Yes

연습문제 25

(1) She may not be in the garden.
(2) You do not have to write to your mother.
(3) Jane did not have to write to her mother.
(4) This cannot be pure gold.
(5) You must not use my car.
(6) You need not consult the doctor.
(7) I will not go to the concert.
(8) You had better not consult the doctor.
(9) I am not going to buy a car.
(10) Tom did not buy the car last month.

연습문제 26

(1-a) Tom waited for Jane.
(1-b) Did Tom wait for Jane?
(1-c) Who(m) did Tom wait for?
(1-d) Who waited for Jane?
(1-e) Tom did not wait for Jane.
(1-f) Tom used to wait for Jane.
(1-g) Tom must wait for Jane. 또는 Tom should wait for Jane. 또는 Tom has to wait for Jane.
(1-h) Tom need not wait for Jane. = Tom does not have to wait for Jane.

(1-i) Tom must not wait for Jane.
(1-j) Tom had better wait for Jane.
(1-k) Tom had better not wait for Jane.
(1-l) Tom is waiting for Jane.
(1-m) Is Tom waiting for Jane?
(1-n) Who(m) is Tom waiting for?
(1-o) Who is waiting for Jane?
(1-p) Tom, wait for Jane.

(2-a) Tom is fixing the radio.
(2-b) Tom must fix the radio. 또는 Tom has to fix the radio. 또는 Tom should fix the radio.
(2-c) Tom need not fix the radio. = Tom does not have to fix the radio.
(2-d) Tom is going to fix the radio.
(2-e) Tom can fix the radio. = Tom is able to fix the radio.
(2-f) Tom did not fix the radio.
(2-g) Tom had better fix the radio.
(2-h) Tom had better not fix the radio.

(3-a) She has a cold.   (3-b) She must have a cold.
(3-c) She cannot have a cold.   (3-d) She may have a cold.
(3-e) She used to have a cold. = She used to catch cold.

(4-a) There is a well beside the house.   (4-b) There was a well beside the house.
(4-c) There must be a well beside the house.   (4-d) There cannot be a well beside the house.
(4-e) There used to be a well beside the house.
(5-a) You must have a rest.   (5-b) You had better have a rest.
(5-c) You need not have a rest.   (5-d) You may (or can) have a rest.

(6-a) He is your father.   (6-b) He must be your father.
(6-c) He cannot be your father.   (6-d) He may be your father.
(7-a) He had better give up his business.   (7-b) He must not give up his business.
(7-c) He need not give up his business.   (7-d) He is going to give up his business.

연습문제 27

(1) What time is it? 또는 What is the time? 또는 What is the hour? 또는 Have you got the time? 또는 Do you have the time? 또는 What time do you have?
(2) It's three minutes past (or after) two.   (3) It's five (minutes) past (or after) two.
(4) It's ten past (or after) two.   (5) It's twelve minutes past two.
(6) It's a quarter past two.   (7) It's twenty past two.
(8) It's twenty-five past two.   (9) It's twenty-six minutes past two.
(10) It's half past two.

(11) It's twenty-seven minutes to (or before, or of) five.
(12) It's twenty-five to five.   (13) It's twenty-two minutes to five.
(14) It's twenty to five.   (15) It's a quarter to five.
(16) It's eleven minutes to five.   (17) It's ten to five.
(18) It's eight minutes to five.   (19) It's five (minutes) to five.
(20) It's just five (o'clock).

(21) (Please) Wake me at twenty past five.
(22) Open the door at ten before nine.
(23) Close the shop at a quarter after five.
(24) Phone (또는 Call) me at half past six.
(25) I went to bed at twenty of (or to or before) eleven.
(26) I slept (for) seven hours.　※ for는 있어도 되고 없어도 된다.
(27) I slept until six (o'clock). = I did not wake up until six (o'clock).
(28) I slept from eleven to (or until) six.
(29) You must wait until (or till) twenty past three.
(30) You must come back by twenty past three.

(31) He did not come back till twenty past three.
(32) He finished his homework by eight minutes past five.
(33) He did not finish his homework till five.
(34) You had better stay here till tomorrow.
(35) We have school till 4 p.m.
(36) School begins at twenty of nine. = School begins at eight forty.
(37) We have school from twenty of 9 a.m. to (or till) half past 4 p.m.
(38) She arrived at twenty-five past three.
(39) She must arrive by half past three.
(40) She will not arrive till half past three.

(41) She left at five.
(42) Return the book by half past four.
(43) He returned the book at half past four.
(44) He did not return the book till half past four.
(45) Turn off the light at ten before eleven.
(46) You must turn off all the lights by ten before eleven.
(47) He is in Korea.
(48) He will be (or stay) in Korea till next year.
(49) He will leave Korea in 2016.
(40) He will not leave Korea till 2016.

연습문제 28

(1) How is the weather?
(2) It is fine.
(3) It's raining.
(4) It's cloudy.
(5) It's snowing.
(6) It's cold.
(7) It's hot.
(8) It's blowing hard. = The wind is blowing hard.
(9) It snows heavily in the country. = The country has much snow.
 = They have much snow in the country.
(10) It rains heavily in the country. = The country has much rain.
 = They have much rain in the country.

(11) We had much snow last winter.
(12) We have much rain in July.
(13) We have many rainy days in July.
(14) It blows hard in May. = The wind blows hard in May.
(15) We have many windy days in May.
(16) What day (of the week) is it (today)? = What is today?
(17) It is Sunday.
(18) What day (of the week) was it yesterday?
(19) It was Saturday.
(20) What is the date?   = What date today?

(21) It is October 3. = It is the third of October.
(22) He met her in 1960.
(23) He married her in May, 1965.
(24) He died on October 12, 1996.
(25) He lived in Seoul till 1995.
(26) He died on my birthday.

연습문제 29

(1-a)　How far is it from here to the station?
(1-b)　It is five miles.
(1-c)　It is an hour's walk.
(1-d)　It is ten minutes' drive.

(2-a)　How many minutes does it take to go to the station?
(2-b)　How long does it take to go to the station?
(2-c)　How many hours does it take to go to the station?
(2-d)　How many years did it take to build this house?
(2-e)　How many years did it take to build this superhighway?
(2-f)　How many years did it take you to write this book?

(3-a)　It took five years to build this superhighway.
(3-b)　It took us five years to build this superhighway.
　　　　= It took five years for us to build this superhighway.
　　　　= We took five years to build this superhighway.
(3-c)　It takes courage to do the work.
(3-d)　It takes patience and industry to learn a foreign language.
(3-e)　It takes two to wrestle.

(4-a)　It took me two years to win her heart.
(4-b)　It took them five years to build this bridge.
　　　　= It took five years for them to build the bridge.
(4-c)　It will take three days to fix this car.
(4-d)　It will take much money to fix this car.
(4-e)　It takes skill to fix this car.
(4-f)　It takes much patience to teach them.
(4-g)　It took me ten years to buy this house.

연습문제 30

(1) 나는 그에게 책을 주었다.
(2) 그이는 그녀에게 편지를 썼다.
(3) 너는 이 문제에 대하여 나에게 대답해야 한다.
(4) 그녀는 나에게 자기의 앨범을 보여주었다.
(5) 톰은 나에게 왈츠 한 곡을 연주해 주었다.
(6) 나는 그에게 좋은 직장을 구해주었다.
(7) 나는 그녀에게 그 편지를 읽어주었다.
(8) 그는 나에게 그녀의 이름을 물어보았다.
(9) 그는 나에게 자기의 중고차를 팔았다.
(10) 그이의 삼촌은 그에게 많은 유산을 남겨주었다.
(11) 그들은 그에게 밧줄을 던져주었다.
(12) 새해 복 많이 받으세요.

(13) 그는 우리들에게 영어를 가르쳤다.
(14) 톰은 그녀에게 책을 보냈다.
(15) 그는 그 알약을 먹고 많이 좋아졌다.
(16) 나는 그에게 10달러의 빚이 있다.
(17) 소금 좀 이쪽으로 건네주세요.
(18) 나는 그에게 그 편지를 건네주었다.
(19) 나는 그녀에게 카메라를 사주었다.
(20) 아버지는 나에게 집을 지어주었다.
(21) 나는 그에게 좋은 선물을 골라주었다.
(22) 나에게 택시를 불러주세요.
(23) 그는 나에게 표를 구해주었다.
(24) 그는 나에게 인형을 만들어 주었다.

연습문제 31

(1) Mother bought me a book yesterday.
(2) I asked him a question.
(3) She asked me your age.
(4) He asked me your address.
(5) He asked me the way to the station.
(6) She played me a serenade.
(7) I'm going to buy her a digital camera.
(8) I wish you a Happy New Year.
(9) I wish you good luck.
(10) Throw me the ball.
(11) Pass me the salt.
(12) He handed me the prize.
(13) He read me his favorite poem.
(14) Bring me your report card.

(15) The news gave us a shock.
(16) He left his son a farm.
(17) Will you lend me your camera?
(18) He owes me much money.
(19) I must pay him 100 dollars.
(20) I am going to sell him my used car.
(21) You had better send her a present.
(22) She showed me her new car.
(23) She teaches us English.
(24) Tell me your opinion.
(25) Please call me a taxi.
(26) She made me a sandwich.
(27) Mother ordered me a new dress.
(28) Please find me a good part-time job.

연습문제 32

(1) to   <그는 나에게 사과를 밑지고 팔았다.>
(2) for <그녀는 나에게 새 드레스를 만들어 줄 것이다.>
(3) for <나에게 왈츠 한 곡 연주해 줄래?>
(4) to   <나는 제인에게 선물을 보냈다.>
(5) to   <그는 그 소녀들에게 그 사실에 대하여 빠짐없이 다 말해주었다.>
(6) for <너 나를 위하여 표 하나 구해줄 수 있겠니?>
(7) for <너 나를 위하여 택시를 불러줄 수 있겠니?>
(8) to   <나는 어머니에게 나의 성적표를 보여주었다.>
(9) for <너 나를 위하여 아르바이트 구해줄 수 있겠니?>
(10) of   <나는 톰에게 몇 가지 의문사항을 물어보았다.>

(11) to   <이 약을 먹으면 너는 크게 효험을 보게 될 것이다.>
(12) to   <나의 아버지는 나에게 큰 유산을 남겨주셨다.>
(13) to   <그는 그 소년들에게 영어를 가르쳤다.>
(14) for <어머니는 나에게 새 자전거를 사주었다.>
(15) to   <나에게 소금 좀 건너 주세요.>
(16) to   <그는 나에게 100달러를 빌려주었다.>
(17) to   <그는 나에게 100달러의 빚이 있다.>

연습문제 33

(1-a) isn't he   (1-b) is he
(2-a) wasn't she   (2-b) was she
(3-a) weren't they   (3-b) were they
(4-a) isn't it   (4-b) are they
(5-a) can't you   (5-b) can you
(6-a) won't he   (6-b) will he
(7-a) mustn't you   (7-b) need you
(8-a) didn't he   (8-b) did he
(9-a) isn't it   (9-b) are they
(10-a) does he   (10-b) doesn't he

(11-a) will you   (11-b) will you (or won't you)
(12-a) shall we

연습문제 34

(1) too (2) so (3) So (4) Neither (5) too
(6) so (7) either (8) neither (9) too (10) either
(11) So (12) Neither (13) did (14) did (15) is
(16) Neither

연습문제 35

(1) Tom : I must look for a job.
    John : So must I. = I must look for a job, too.
(2) Tom : My brother needs a car.
    John : So does my brother. = My brother needs a car, too.
(3) Tom : I wrote to my mother.
    John : So did I. = I wrote to my mother, too.
(4) Tom : My sister did not come on time.
    John : Neither did I. = I did not come on time, either.

(5) Tom : My father will come back in a week.
    John : So will my father. = My father will come back in a week, too.
(6) Tom : I must not watch so much TV.
    John : Neither must I. = I must not watch so much TV, either.
(7) Tom : I was in a bad mood this morning.
    John : So was I. = I was in a bad mood this morning, too.
(8) Tom : I can understand this book.
    John : So can I. = I can understand this book, too.
(9) Tom : I will not buy the book.
    John : Neither will I. = I will not buy the book, either.

(10) Tom : I am proud of my mother.
John : So am I. = I am proud of my mother, too.

연습문제 36

(1) 그는 방에 들어갔다.
(2) 그는 그 물 속으로 잠수했다.
(3) 그는 나를 구석으로 몰아넣었다. (나를 궁지에 몰아넣었다.)
(4) 그녀는 진열장을 들여다보았다.
(5) 그는 그 방에서 나왔다.
(6) 그는 그 방에서 뛰어나갔다.
(7) 그는 그 집에서 뛰어나왔다.
(8) 물고기는 물 밖에서는 살 수 없다.
(9) 그는 그 거리를 달려서(=뛰어서) 건너갔다.
(10) 그녀는 그 벌판을 말을 타고 건너갔다.

(11) 그는 그 강을 헤엄쳐 건너갈 수 있다.
(12) 나의 삼촌은 그 강 건너편에 살고 있다.
(13) 그는 그 터널을 걸어서 통과했다.
(14) 그는 그 터널을 뛰어서 통과했다.
(15) 새 한 마리가 그 터널을 날아서 지나갔다.
(16) 한강은 서울의 한복판을 지나간다.
(17) 너는 그 출입문에 구멍을 내면 안 된다.
(18) 그들은 그 산에 터널을 뚫었다.
(19) 그 산에는 두 개의 터널이 있다.
(20) 그 길은 그 마을을 지난다.

(21) 그는 그 거리를 달렸다.
(22) 우리들은 차로 해변을 달렸다.
(23) 강둑에 코스모스가 늘어서 있었다.
(24) 그들은 개울을 따라 달렸다.
(25) 그들은 해안선을 끼고 항해했다.

(26) 그는 자전거로(또는 말을 타고) 그 길을 달렸다.
(27) 그들은 물가를 거닐었다.
(28) 그들은 배를 타고 허드슨 강 상류로 갔다.
(29) 우리들은 그 산을 올라가려고 한다.
(30) 나는 그 계단을 올라가곤 했다.

(31) 그 고양이는 나무 위로 뛰어 올라갔다.
(32) 그는 시내 쪽으로 걸어갔다.
(33) 그는 그 사다리를 올라갔다.
(34) 그들은 배를 타고 허드슨 강 하류로 갔다.
(35) 그는 그 계간을 기어서 내려갔다.
(36) 눈물이 그녀의 뺨을 흘러내렸다.
(37) 그들은 그 산을 내려가고 있다.
(38) 그는 변두리 쪽으로 걸어가고 있다.
(39) 그는 변두리 쪽으로 차를 몰고 갔다.
(40) 그는 온 세계를 두루두루 돌아다녔다.

(41) 지구는 태양 둘레를 돈다.
(42) 그들은 배를 타고 세계를 일주했다.
(43) 나의 어머니는 두 팔로 나의 목을 껴안았다.
(44) 그 집에는 울타리가 쳐 있었다 (지금은 없다)
(45) 우리들은 불을 둘러싸고 앉아 있었다.
(46) 그는 그 트랙을 달렸다.
(47) 그는 그 나무에 밧줄을 감았다.
(48) 그는 탈옥했다.
(49) 나는 군산 출신이다.
(50) 그는 서울에서 출발했다.

(51) 그는 아침부터 밤까지 일했다.
(52) 이곳에서 그 공원까지는 10마일이다.
(53) 그는 어렸을 때부터 서울에서 살았다.
(54) 그는 그녀로부터 편지를 받았다.
(55) 그는 입에 풀칠하며 산다. (그는 매우 가난하게 살고 있다.)
(56) 너는 끝까지 싸워야 한다.
(57) 그는 나에게 영어로 말했다.

(58) 나는 그에게 편지를 냈다.
(59) 나는 그녀에게 작별의 인사를 했다.
(60) 나는 톰에게 공을 던졌다.

연습문제 37

(1) He ran into the room.
(2) He crawled into the cave.
(3) He ran out of the cave.
(4) He threw the letter into the wastebasket.
(5) Please put the money in this safe.
(6) She is looking into the show window.
(7) Go out of this room.
(8) He tiptoed out of the store.
(9) The bird flew out of the cage.
(10) I am out of danger.
(11) He sailed across the Pacific to America.
(12) He went through this gate into the garden.
(13) The Han River flows through Seoul into the Yellow Sea.

(14) They sailed up the Han River.
(15) He ran up the steps.
(16) He ran along the street.
(17) He ran across the street.
(18) He drove along the street.
(19) He is running along the brook.
(20) He crept down the steps.
(21) We sat around the fire.
(22) A bullet ran through his heart.
(23) She put her arms around my neck.
(24) Take a book out of your schoolbag.
(25) I spoke to him in English.
(26) I got a letter from him.
(27) It fell from the sky.

(28) They started from Busan.
(29) We sailed from Incheon.
(30) How far is it from Seoul to Incheon ?
(31) They live from hand to mouth.
(32) We walked along the river.
(33) They sailed along the coast.
(34) He rode (a bike) along the road.
(35) I can swim across the river.
(36) I am from Busan.
(37) Three tunnels run through the hill.
(38) The road runs through my village.
(39) I rushed through the crowd.
(40) He is climbing down the mountain (or the hill).

(41) The earth goes (or moves) round (or around) the sun.
(42) They sailed (a)round the world.
(43) I read the book from beginning to end.
(44) He worked from morning till night.
(45) He went from house to house. = He went from door to door.
(46) Bees flew from flower to flower.
(47) She said yes to me.
(48) She said no to me.
(49) I said goodbye to him.
(50) He set (or stretched) wire entanglements around his orchard.

(51) The waves are down.
(52) She ate up all the bread.
(53) He threw a bone to the dog.
(54) He threw a bone at the dog.
(55) Tie up his hands.
(56) The wind will die down in no time.
(57) The stock is down.
(58) Don't run across the street.
(59) A rolling stone gathers no moss.
(60) They dug up the kitchen garden.

연습문제 38

(1-a)　the size of the shoes　　　　　　(1-b)　Tom's mother
(1-c)　Tom's mother's shoes　　　　　(1-d)　the size of Tom's mother's shoes
(2-a)　the color of the car　　　　　　(2-b)　this boy's father
(2-c)　this boy's father's car　　　　　(2-d)　the color of this boy's father's car
(3-a)　the roof of that house　　　　　(3-b)　Jane's house
(3-c)　the roof of Jane's house　　　　(3-d)　the color of the roof of Jane's house
(4-a)　the history of the country　　　(4-b)　our country
(4-c)　the history of our country
(4-d)　He is interested in the history of our country.

(5-a)	the top of Mt. Baekdu	(5-b)	There is a lake on the top of Mt. Baekdu.
(6-a)	One of the boys is Korean.	(6-b)	Two of the boys swim very well.
(6-c)	One of them must be Korean.	(6-d)	Three of them cannot be Korean.
(6-e)	Most of you do not know her.		
(7-a)	None of your friends speak(s) ill of you.	(7-b)	I know none of your friends.
(8-a)	I read one of these books.	(8-b)	I must read most of these books.
(8-c)	I read none of these books. 또는 I did not read any of these books.		
(8-d)	None of these books is (or are) interesting.		
(9-a)	a cup of coffee	(9-b)	two cups of coffee
(9-c)	Give me a cup of coffee.	(9-d)	I drank (or had) a cup of coffee.
(10-a)	ten pounds of beef	(10-b)	a piece of beef
(10-c)	I bought five pounds of beef yesterday.		
(11-a)	a good word of advice = a word of good advice		
(11-b)	He gave me a word of good advice.		
(12-a)	a piece of bread	(12-b)	two loaves of bread
(12-c)	We need three loaves of bread.		
(13-a)	a sheet (piece) of paper	(13-b)	Bring me three sheets of paper.
(14-a)	She complained of (or about) the food.	(14-b)	What are you thinking of ?
(14-c)	I'm thinking of Mother.		
(14-d)	You must (or should) tell them of the danger.		
(15-a)	You should speak well of her.	(15-b)	You must not speak ill of her.
(15-c)	I know of him, but I don't know him.		

연습문제 39

(1)	Don't laugh at her.	(2)	Turn off the TV, please.
(3)	Turn on the TV, please.	(4)	I am looking for my watch.
(5)	Look at those flowers.	(6)	A drowning man will catch at a straw.
(7)	Don't look down on her.	(8)	He kicked at me.
(9)	Do you look up to the teacher ?	(10)	I threw a ball to him.

(11) He threw a stone at me.
(12) Patience conquers the world.
(13) Love is heaven; hate is hell.
(14) Art is long; life is short.
(15) I ran across my aunt in the park yesterday.
(16) I spoke well of her.
(17) Don't speak ill of others.
(18) My dream will come true.

연습문제 40

(1) She is as old as my grandmother (is).
(2) He is as rich as you (are).
(3) I am as happy as you (are).
(4) The mountain is as high as Mt. Fuji.
(5) I go to school as early as my sister (does).
(6) I study as hard as my brother (does).
(7) I studied as hard as my brother (did).
(8) I can play the piano as well as she (can).
(9) Tom started as early as Jane (did).
(10) I have as many books as you.

(11) I need as much money as you.
(12) Jane is as tall as Ann.
(13) Jane is as pretty as Ann.
(14) I can run as fast as you.
(15) I bought as many books as she (did).
(16) She spent as much money on clothes as I do.
(17) She dances as beautifully as you did.
(18) I study as hard as my grandfather did.
(19) I am as busy as (I was) yesterday.
(20) You should help as many people as we do.

(21) There are as many stars in the sky as (there are many) pebbles on the riverbeds.
(22) Tom plays the piano as well as Jane (does).
(23) Tom plays the piano as well as Jane did.
(24) Tom played the piano as well as Jane does.
(25) Tom played the piano a well as Jane (did).
(26) Tom can play the piano as well as Jane (can).
(27) Tom could play the piano as well Jane (could).
(28) Tom could play the piano as well as Jane can.

연습문제 41

(1) I'm as happy as you.
(2) He studied as hard as his brother.
(3) You must (또는 have to) study as hard as your brother.

(4) I get up as early as my mother.
(5) I have as many books as you.
(6) I read as many books as you.
(7) Can you speak English as well (or fluently) as I ?
(8) The bread is as hard as stone.
(9) It is as precious as gold.
(10) It is as dangerous as broken glass.
(11) He is as tall as you.
(12) She is as beautiful as a rose.
(13) He did not drive as carefully as she. = He did not drive so carefully as she.
   ※ 부정문에서는 as ~ as 보다 so ~ as가 좋다.
(14) The nurse is as kind to me as my mother.
(15) I need as much money as you.
   ※ I need as a lot of money as you.라고 하지 않는다.
(16) I meet her very often.
(17) I meet her as often as you do.
(18) I meet him as often as (I meet) her (often).
(19) The city is as large as Seoul.
(20) He saved as much money as you (did).
(21) It is as sweet as honey.
(22) There is as much money in the box as (there is much money) in this bag.

연습문제 42

(1) taller   (2) higher   (3) happier   (4) larger   (5) bigger
(6) younger (7) deeper   (8) wiser   (9) kinder   (10) richer
(11) longer (12) shorter (13) cleverer (14) sadder (15) faster
(16) prettier (17) hungrier (18) uglier (19) darker (20) gayer
(21) older   (22) hotter (23) greater (24) poorer (25) redder
(26) wider   (27) earlier (28) braver   (29) busier (30) sharper

연습문제 43

(1-a) He is tall. (1-b) He is as tall as you.
(1-c) He is taller than you.
(2-a) The city is large. (2-b) The city is as large as Seoul.
(2-c) The city is larger than Seoul.
(3-a) Tom got up early. (3-b) Tom got up as early as his mother.
(3-c) Tom got up earlier than his mother.
(4-a) Tom can run fast (4-b) Tom can run as fast as you (can).
(4-c) Tom cannot run so fast as you. = Tom cannot run as fast as you.
(4-d) Tom can run faster than you.
(5-a) Tom has a clever dog. (5-b) Tom has as clever a dog as you do.
  ※ Tom has ~~as a clever dog~~ as you do.

주의 : as (그만큼), so (그렇게), too (너무)가 형용사를 수식하는 경우에는 a의 위치가 변한다.

		형용사		명사	
He is		a	rich		doctor.	그이는 부유한 의사다.
He is	as		rich	a	doctor.	as you (are).
I have		a	clever		dog.	나는 영리한 개를 가지고 있다.
I don't have	so		clever	a	dog.	as you do.
It is		a	long		novel.	그것은 긴 소설이다.
It is	too		long	a	novel.	그것은 너무 긴 소설이다.

(5-c) Tom has a cleverer dog than you do.

연습문제 44

(1) better   (2) busier   (3) more beautiful
(4) more tired   (5) less   (6) more foolish
(7) hotter   (8) more difficult   (9) more
(10) worse   (11) more interesting   (12) larger
(13) more careful   (14) more   (15) better
(16) more dangerous   (17) worse   (18) manlier
(19) healthier   (20) more quickly

연습문제 45

(1) He is bold rather than wise.
(2) She is a boy rather than a girl.
(3) Jane is graceful rather than beautiful.
(4) He is wild rather than manly.
(5) She is fat rather than plump.
(6) She is flattering rather than kind.

연습문제 46

(1-a) A proper diet is important to good health.
(1-b) A proper diet is as important to good health as proper exercise.
(1-c) A proper diet is more important to good health than proper exercise.

(2-a) Playing baduk (=go) is interesting.
(2-b) Playing baduk (=go) is as interesting as watching TV.
(2-c) Playing baduk (=go) is more interesting than watching TV.
(2-d) Watching TV is less interesting than playing baduk (=go).

(3-a) She is kind.
(3-b) She is as kind as her sister.
(3-c) She is kinder than her sister.
(3-d) She is less kind than her sister.

(4-a) She can speak English very well.
(4-b) She can speak English as well as Americans.
(4-c) She can speak English better than Americans.
(5-a) She has many books.
(5-b) She has as many books as Jane.
(5-c) She has more books than Jane.

(6-a)   He loves his wife.
(6-b)   He loves the dog as much as he does his wife.
         비교: He loves the dog as much as his wife does.
              <부인이 개를 좋아하는 정도로 그이도 그 개를 좋아한다.>
(6-c)   He loves the dog more than his wife does.
(6-d)   He loves the dog more than he does his wife.

(7-a)   He is not so (=as) tall as Tom.
(7-b)   He is taller than Tom.
(7-c)   He is a little taller than Tom.
(7-d)   He is much taller than Tom.

(8-a)   Tom studies as hard as I (do).
(8-b)   Tom studies harder than I (do).
(8-c)   Tom does not study so (=as) hard as I (do).
(8-d)   Tom studies much harder than I (do).
(8-e)   Tom studies harder than his father did.
(8-f)   I studied harder than my son does.

(9-a)   She is more flattering than kind. = She is flattering rather than kind.
(9-b)   She is more fat than plump. = She is fat rather than plump.
(9-c)   He is more enemy than friend. = He is an enemy rather than a friend.
(9-d)   He is more helper than rival. = He is a helper rather than a rival.

연습문제 47

(1)	strongest	(2)	largest	(3)	most
(4)	quietest	(5)	worst	(6)	most precious
(7)	most graceful	(8)	most	(9)	greatest
(10)	most difficult	(11)	least	(12)	worst
(13)	fattest	(14)	farthest 또는 furthest	(15)	most wicked
(16)	warmest	(17)	biggest	(18)	most happily
(19)	happiest	(20)	best	(21)	sharpest
(22)	earliest	(23)	best	(24)	brightest
(25)	poorest	(26)	most easily	(27)	most joyful
(28)	most gracious	(29)	most important	(30)	most quickly
(31)	most childish	(32)	most tired		

연습문제 48

(1-a) Jane is pretty.
(1-b) Jane is as pretty as you (are).
(1-c) Jane is prettier than you.
(1-d) Jane is the prettiest of us.
(2-a) Jane is beautiful.
(2-b) Jane is as beautiful as Susan.
(2-c) Jane is more beautiful than Susan.
(2-d) Jane is the most beautiful in her class.
(3-a) Tom is a good swimmer.
(3-b) Tom is as good a swimmer as you. ※ Tom is a as good swimmer as you.라고 하면 안 된다. 또 Tom is as a good swimmer as you.라고 해도 안 된다.
(3-c) Tom is a better swimmer than you. (3-d) Tom is the best swimmer of us.
(4-a) He is good at playing tennis.
(4-b) He is as good at playing tennis as at playing table tennis.
(4-c) He is better at playing tennis than at playing table tennis.

(5-a) Good habits are important.
(5-b) Good habits are as important as good manners.
(5-c) Good habits are more important than good manners.
(5-d) Good habits are less important than good manners.
(5-e) Good habits are the most important of all.

(6-a)　　My son drives very carefully.
(6-b)　　My son drives as carefully as your son (does).
(6-c)　　My son drives more carefully than your son (does).
(6-d)　　My son drives (the) most carefully of them.

(7-a)　　She has much money.
(7-b)　　She has as much money as you.
(7-c)　　She has more money than you (do).
(7-d)　　She has (the) most money of us.
(8-a)　　You should work hard.
(8-b)　　She should work as hard as your brother.
(8-c)　　You should work harder than your brother.
(9-a)　　The Koreans are the most industrious people in the world.
(9-b)　　Korea can be the most prosperous country in the world.
(9-c)　　He is the greatest figure in my country.

연습문제 49

(1) 너는 톰이 게이라고 말했다.
(2) 그러나 나는 네 말이 옳지 않다고 생각하거든.
(3) 네가 실언(失言)한 거라고 나는 장담할 수 있어.
(4) 톰이 네게 화를 낼 거라고 나는 확신한단 말이야.
(5) 내가 들어 아는 바로는 너 거짓말쟁이라는 거야.
(6) 그리고 난 말이야 네가 거짓말한 거라고 생각해.
(7) 너는 거짓말했다고 시인해야 해.
(8) 그리고 앤은 톰이 게이가 아니라고 주장하거든.
(9) 그녀는 네가 톰의 친구라는 것을 의심하고 있어.

(10) 톰은 내 차 좀 빌려달라고 떼를 쓰거든.
(11) 나는 그게 말도 안 된다고 생각해.
(12) 너는 내가 그에게 내 차를 빌려 주어야 한다고 생각하니?
(13) 너 아마 내 말이 옳다고 말할 거야.
(14) 톰은 나더러 겁먹지 말라고 말했어.
(15) 솔직히 말해서 나는 겁이 나거든.
(16) 톰 그 녀석 토라지지 않도록 기도하는 심정이야.

연습문제 50

정답 : (1) (2) (4) (6)

(1)의 뜻 : 그녀는 자기가 그이의 어머니라고 알려주었다.
(2)의 뜻 : 나는 그녀에게 그녀를 사모한다고 말했다.
(3)의 뜻 : 그녀는 열심히 공부하겠노라고 나에게 약속했다.
(4)의 뜻 : 나는 내가 미혼이 아니라고 그녀에게 실토했다.
(5)의 뜻 : 나는 그들에게 상황이 심각하다는 것을 깨우쳐 주었다.
(6)의 뜻 : 그녀는 지뢰가 있다고 나에게 외쳤다.
(7)의 뜻 : 제인은 자기가 피아노를 칠 수 있다고 나에게 말했다.

연습문제 51

(1)   ⓓ was를 is로 고쳐야 한다.
(2)   ⓑ was를 is로 고쳐야 한다. "학문에는 왕도가 없다"는 진리이기 때문에 현재시제를 사용해야 한다.
(3)   ⓐ was를 is로 고쳐야 한다. "일요일이 일주의 첫 째 날이다"는 사실이니까 현재시제를 사용해야 한다.
(4)   ⓒ can을 could로 고쳐야 한다.
       ⓑ 의 뜻 : 그녀는 사랑은 우정보다 강하다고 말했다. 이 말은 진리라고 볼 수 있지요?
(5)   ⓒ Seeing is believing.<백문이 불여일견>이라는 말은 속담이니까 현재시제를 사용해야 해요.
       ⓐ의 뜻 : 그녀는 불행은 꼭 겹쳐서 온다고 말했다.
       ⓑ의 뜻 : 나는 돈이 세상을 지배한다는 사실을 상상조차 하지 못했다.
       ⓓ의 뜻: 나는 실습이 완벽의 열쇠(기반)라는 것을 깨닫지 못했다.

연습문제 52

(1) 그는 내 말을 이해할 수 없다고 말했다.
(2) 그들은 그 문이 열려 있다는 것을 알았다.
(3) 나는 그녀가 몸져 누워 있다는 것을 알았다.
(4) 내 예상으로는 네가 그 시험에 합격할 것 같다.
(5) 그녀는 나에게 자기의 차를 빌려주겠다고 약속했다.
(6) 이것을 보면 그가 진실을 말하고 있는 거야.
(7) 나는 네가 나의 가장 친한 친구라는 것을 의심하지 않는다.
(8) 그는 그 강을 헤엄쳐 건널 수 있다는 것을 자랑삼아 말했다.
(9) 그녀는 톰이 이제는 자기를 사랑하지 않는다는 것을 느낌으로 알았다.
(10) 나는 네가 사과를 좋아하지 않는다는 것을 깜빡 잊었다.
(11) 나는 내일 비가 왔으면 좋겠다고 생각한다. = 내일 비가 오면 좋겠다.
(12) 내일 비가 오면 안 되는데.
(13) 내 짐작 같아서는 내일 비가 올 것 같다.
(14) 나는 그녀가 몸져 누워 있다는 것을 들어 알고 있다.
(15) 나는 네가 나의 팔(어딘가)을 꼬집었던 것을 기억하고 있다.

(16) 그는 그녀가 죄가 없다는 것을 증명해 보였다.
(17) 그는 그녀에게 무례하게 대했던 것을 후회하고 있다.
(18) 그녀는 그것이 불가능하다는 것을 깨달았다.
(19) 나는 당신이 결백하다는 것을 인정합니다.
(20) 그는 상황이 기로에 서 있다는 것을 (갈림길에 있다는 것을) 깨달았다.
(21) 그녀는 자기의 아들이 결백하다고 주장하네요.
(22) 나는 우리가 떠날 수 없다는 것을 그에게 설명해 주었다.
(23) 나는 그에게 학문의 길에는 왕도(지름길)가 없다고 말해주었다.
(24) 나는 그에게 내가 결백하다는 것을 깨우쳐 주었다.
(25) 그는 그것이 위험하다고 외쳤다.
(26) 그는 그 소문이 헛소문이라는 것을 알려주었다.
(27) 그는 자기가 귀신을 보았다고 주장하네요.
(28) 그는 그녀가 자기의 어머니가 아니라고 말했다. = 자기의 어머니임을 부인했다.
(29) 제가 실토하는데요 제 말이 옳지 않아요.
(30) 그녀는 물가가 너무 비싸다고 불만을 털어놓았다.
(31) 그것으로 그가 화가 나지나 않을까 걱정입니다.
(32) 그이가 결백하다고 가정해 봅시다.

연습문제 53

(1-a) You will find that he is innocent.
(1-b) I think that he is innocent.
(1-c) I admit that he is innocent.
(1-d) I am sure that he is innocent.
(1-e) I don't doubt that he is innocent.
(1-f) I said that he was innocent.
(1-g) I told her that he was innocent.
(1-h) You must prove that he is innocent.
(2-a) It is wrong.
(2-b) He asserted that it was wrong.
(2-c) He explained to me that it was wrong.
(2-d) He convinced me that it was wrong.
(2-e) I found that it was wrong.
(2-f) I admit that it is wrong.
(2-g) I am sure that it is wrong.
(2-h) She told me that it was wrong.
(2-i) She said that the rumor was false.

연습문제 54

(1) ⓐ   (2) ⓐ   (3) ⓑ   (4) ⓐ   (5) ⓑ
(6) ⓑ   (7) ⓐ   (8) ⓑ   (9) ⓑ

연습문제 55

(1) where he went
(2) what this is
(3) when you will meet him
(4) where he put the key.
(5) how tall the building is
(6) where you found it
(7) how much money Tom needs
(8) why you did so
(9) what your hobby is
(10) why he is going to give it up

(11) whose car this is
(12) when he visited me
(13) why Tom was absent
(14) why he refused my offer
(15) how hard you worked
(16) how much money you lent him
(17) when she will leave hospital

연습문제 56

(1-a) Yale Kim went to Busan yesterday.
(1-b) I know that Yale Kim went to Busan yesterday.
(1-c) I know where Yale Kim went yesterday. (1-d)   I know when Yale Kim went to Busan.
(1-e) I know who went to Busan yesterday.   (1-f)   I know why Yale Kim went to Busan.
(1-g) I know with whom Yale Kim went to Busan.
       = I know who(m) Yale Kim went to Busan with.
(1-h) I know how Yale Kim went to Busan.
(1-i) I know whether Yale Kim went to Busan or not.

(2-a) She needs one thousand dollars.
(2-b) I know that she needs one thousand dollars.
(2-c) Did she say how many dollars she needed?
(2-d) Tell me whether she needs one thousand dollars (or not).
(2-e) Ask her why she needs one thousand dollars.
(2-f) You need not know who needs one thousand dollars.
(2-g) Tell me what she needs.
(2-h) She did not tell me how much money she needed.

(3-a) Tell me who you are.   (3-b)   Don't tell anybody how old you are.
(3-c) I wonder how old she is.   (3-d)   I wonder where she went.
(3-e) Nobody knows what she wants.   (3-f)   Ask her where she lives.
(3-g) Do you know why she needs so much money?
(3-h) Nobody knows how many people died.
(3-i) Nobody knows how much money is in this safe.

(4-a) Do you know whether Tom will go to Seoul or not?
(4-b) You must tell her who hates Tom.   (4-c)   You must tell her who hates who.
(4-d) Tell me what you like.   (4-e)   Explain to me why she is crying.
(4-f) Explain to me why you were absent. (4-g)   I can't imagine what she is complaining of.
(4-h) Guess how old she is.   (4-i)   Guess what I have in my hand.
(4-j) Nobody can be sure where she is.

연습문제 57

(1) I should buy <어느 것을 사야할 건가 물어봐도 돼요?>
(2) you should sail <언제 출항해야 할지 네가 결정해야 한다.>
(3) we should solve <우리들은 그 문제를 푸는 방법을 발견했다.>
(4) we should invest <우리들은 주식에 투자해야 할지 말아야 할지 생각중이다.>
(5) I should do <나는 그것을 하는 방법을 잊었다.>
(6) they should fight <그들은 싸워야 할지 화친해야 할지 망설이고 있다.>
(7) I should work <계속 일해야 할지 쉬어야 할지 확신이 서지 않는다.>
(8) I should play <나는 드럼 치는 방법을 배우고 있다.>
(9) we should take <어느 길로 가야 할지에 대하여 우리는 토론했다.>
(10) she should ride <그녀는 자전거 타는 요령을 배웠다.>

학 습 진 단

(1) I went to Busan with him yesterday.
(2) Did you go to Busan with him yesterday ?
(3) Where did you go yesterday ?
(4) When did you go to Busan ?
(5) With whom did you go to Busan yesterday? = Who(m) did you go to Busan with yesterday?
(6) Tom met Jane in the library yesterday.
(7) Who met Jane in the library yesterday ?
(8) Who(m) did Tom meet in the library yesterday ?
(9) How many books did you buy yesterday ?
(10) How much money do you need ?

(11) How many dollars do you need ?
(12) This street is very wide.
(13) This street is sixty meters wide.
(14) How wide is this street ?
(15) How wide this street is !
(16) I always go to school at eight.
(17) What time do you go to school ?
(18) The boy is waiting for his mother (now).
(19) the boy waiting for his mother

(20) The boy waiting for his mother is Tom.
(21) We should help the boy waiting for his mother.
(22) For whom is Tom waiting ? = Who(m) is Tom waiting for ?
(23) Tom waited for his mother two hours ago.
(24) Did Tom wait for his mother two hours ago ?
(25) Who waited for you ?
(26) You must wait for her.
(27) You need not wait for her.
(28) You had better wait for her.
(29) I used to wait for her.
(30) She must be your (elder) sister.

(31) She cannot be your (elder) sister.
(32) She should be a kind nurse.
(33) There is a cow under the tree.
(34) What is there under the tree ?
(35) There is no cow under the tree. 또는 There isn't any cow under the tree.
(36) How many eggs are there in the basket ?
(37) My car is in the parking lot.
(38) Where is your car ?
(39) There were three cars in the parking lot.
(40) Where am I ?

(41) You are in Seoul. 또는 I am in Seoul.
(42) What time is it ? = What is the time? = Have you got the time? = Do you have the time?
(43) It is a quarter past five.
(44) It is twenty past five.
(45) It is half past five.
(46) It is eighteen minutes before six.
(47) It is a quarter before six.
(48) What is the date ? = What day is this? = What day of the month is it (today)?
(49) It is May 10. = It is the tenth of May.
(50) How is the weather ?

(51) It is raining.
(52) It is fine.
(53) It is cloudy.
(54) He gave me a watch.
(55) He gave a watch to Jane.
(56) Mother will buy a bike for my (younger) brother.
(57) Mr. A : I am busy.   Mr. B : So am I. = I am, too.
(58) Mr. A: I am not busy.   Mr. B: Neither am I. = I am not, either.
(59) Mr. A: I like dogs.   Mr. B: So do I. = I like dogs, too.
(60) Mr. A: I don't like dogs.   Mr. B: Neither do I. = I don't like dogs, either.

(61) He waked me up at ten past six.
(62) We work from morning till night.
(63) Come back by five (o'clock).
(64) Wait here till five (o'clock).
(65) How far is it from here to the station ?
(66) It is twenty minutes' walk.
(67) It took me five days to finish the work. = It took five days for me to finish the work.
(68) How many years did it take them to build the bridge ?
(69) It took much money to build the bridge.
(70) He is running along the street.

(71) Don't go across this street at rush hours.
(72) He went through the crowd.
(73) He travel(l)ed (a)round the world.
(74) The earth goes (or moves, or travels) round the sun.
(75) One of you must go toward the lake.
(76) Two of us are students.
(77) They ran through the gate of the school into the street.
(78) Bring us two cups of coffee and three glasses of milk.
(79) I need a pound of beef, three loaves of bread, two pounds of sugar, and ten sheets of paper.
(80) He crawled up the steps.

(81) He ran down the steps.
(82) How fast is the train?
(83) How fast the train is!
(84) How fast the train runs !
(85) What a fast train it is !
(86) I'm proud of my children.
(87) I am interested in music.
(88) Tom is tall.
(89) Tom is as tall as you.
(90) Tom is taller than you.

(91) Tom is the tallest in his class.
(92) Tom is the tallest of us.
(93) It is a good watch.
(94) It is as good a watch as this.
(95) It is a better watch than this.
(96) It is the best watch in this shop.
(97) Jane is as beautiful as Susan.
(98) Jane is more beautiful than Sasan.
(99) Jane is less beautiful than Susan.
(100) He is the most honorable teacher in Korea.

(101) We shook hands.
(102) My head is swimming.
(103) She waved good-by to me.
(104) She is more graceful than beautiful. = She is graceful rather than beautiful.
(105) I shook my head.
　　　※ 참고 : I nodded my head. <나는 머리를 끄덕였다.>
(106) Best of all, I like music.
(107) At best, he is a second-rate actor.
(108) Most of the boys like baseball.
(109) I know you best.
(110) He shrugged his shoulders.

(111) She has (the) most money, bust (she) is not the happiest.
(112) She patted me on the back.
(113) She winked at me.
(114) She pinched me in the arm.
(115) He is more coxcomb than fool. = He is a coxcomb rather than a fool.
(116) We held hands.
(117) Who sings (the) best ?
(118) He is more statesman than soldier. = He is a statesman rather than a soldier.
(119) He is more strong than healthy. = He is strong rather than healthy.
(120) What pleased you (the) most ?

(121) I don't know what you want.
(122) Tell me where you went yesterday.
(123) Do you know who ate the apple ?
(124) Explain to me why she left suddenly.
(125) I know how many dollars you have.
(126) I am not sure whether it will rain or not tomorrow.
(127) I wonder why she loves you.
(128) I found that money rules the world.
(129) Why don't you say when he died ?
(130) Guess how long the bridge is.

(131) Nobody knows when he will come back.
(132) Who knows how he solved the problem ?
(133) Tell me what time it is.
(134) You had better not insist that he is guilty.
(135) I am learning how to ride a bike.

- 끝 -

술술 다 되는
반가운 영어 2

지은이	반가운
발행인	반미령, 김동철
출판사	아하

1판 1쇄 발행 2016년 2월 25일

편　집	에버라스팅가스펠출판사
디자인	양건호, 김명경
일러스트	양건호, 김예일
인　쇄	보진재

AHA (우) 10860 경기도 파주시 탄현면 국화향길 60-36

전화문의	(031) 947-0579, 010-5473-4266, (02) 428-4266
팩　스	(02) 415-4491, (031) 947-0579
이 메 일	eduosun@naver.com
출판등록	2015년 12월 1일 제 406-2015-00146

Copyright 2016. 반가운 All rights reserved.

저자 및 출판사의 허락 없이 이 책의 일부 또는 전부를 무단으로 복제·전재·발췌할
수 없습니다. 구입 후 철회는 회사 내규에 부합하는 경우에 가능하므로 구입문의처에
문의하시기 바랍니다. 분실·파손 등에 따른 소비자 피해에 대해서는 공정거래위원회에서
고시한 소비자 분쟁 해결 기준에 따라 보상 가능합니다.

값 **18,000** 원

ISBN　979-11-957104-3-0
ISBN　979-11-957104-1-6 (세트)